Anonymus

The first Book of the Hitopadesa

Anonymus

The first Book of the Hitopadesa

ISBN/EAN: 9783741197796

Manufactured in Europe, USA, Canada, Australia, Japa

Cover: Foto ©Thomas Meinert / pixelio.de

Manufactured and distributed by brebook publishing software
(www.brebook.com)

Anonymus

The first Book of the Hitopadesa

THE

FIRST BOOK OF THE HITOPADEŚA.

SANSKRIT TEXT.

LONDON:
LONGMANS, GREEN, AND CO.
1868.

PREFACE.

A SERIES of Handbooks for the study of Sanskrit seems to be required at the present moment by two classes of readers; by those who, as candidates for the Indian Civil Service, are anxious to acquire that amount of familiarity with the grammar and literature of the classical language of India, which is not only useful for an honourable acquitment at the public examinations, but serves as the best foundation for the subsequent study of the spoken vernaculars; and by that steadily increasing number of scholars who wish to gain an elementary, yet accurate, knowledge of a language which is the key to the secrets of Comparative Philology.

There is, indeed, no lack of books in English for those who make Sanskrit the study of their life; and even continental scholars who wish to acquire a sound and profound knowledge of the ancient language and literature of India, must still have recourse to the masterworks of English scholars such as Colebrooke, Prinsep, and Wilson. The first volume of Colebrooke's Sanskrit Grammar, published sixty years ago, is a monument of English scholarship which has never been surpassed by any subsequent grammar, whether in English, German, or French. Professor Benfey's large Sanskrit Grammar, published at Leipzig in 1852, is the only work that rivals it in comprehensiveness and authoritativeness.* The Dictionary of Wilson, to which is mainly due the rapid progress which Sanskrit scholarship has made in the Universities of Europe, is still the only complete thesaurus of the language of ancient India. There are the *editiones principes*, the original translations, the comprehensive essays, due to the honest industry of such men as Sir W. Jones, Wilkins, Colebrooke, Wilson, and Ballantyne, which will always keep their place of honour in the library of every student of Sanskrit. But these works are available to advanced scholars only, while the elementary books now accessible to English students who wish to begin the study of Sanskrit, and who, in many cases, have to begin it without the help of a master, are, with rare exceptions, edited in such a manner that they fail in the very elements of grammar, and unnecessarily retard the progress even of the most painstaking pupils. It has been said, indeed, with some apparent truth, that the race of *bonâ fide* Sanskrit scholars seemed for a time extinct in England; but the late publications of Mr. J. Muir of Edinburgh, and Professor E. B. Cowell of Calcutta, bear witness that in Sanskrit scholarship, too, England will always hold her own, and that, with the

* The same author has lately published a 'Practical Grammar of the Sanskrit Language for the Use of early Students,' London, 1863.

advantages enjoyed by the members of the Civil Service in India, there will never be wanting worthy successors of Colebrooke and Wilson—men who have not only mastered the intricacies of Sanskrit grammar, but who are capable of reading Sanskrit MSS., and contributing towards the progress of Sanskrit scholarship by editing texts that have never been edited before, and translating texts that have never been translated before.

The present series of handbooks is intended to comprise an elementary Grammar for English students, a Sanskrit-English Dictionary, and the ordinary text-books, the Hitopadeśa, the Laws of Manu, the play of Śakuntalâ, the Nala, and such other works as may hereafter seem to be called for either in England or in India. A Manual of Comparative Philology, written with special reference to Greek and Latin, is likewise in preparation. The co-operation of several eminent Sanskrit scholars has been secured.

The first volume of the series contains the First Book of the Hitopadeśa, a work which, since the days of Sir William Jones, has been used as the text-book in all Colleges and Public Examinations. The Sanskrit text has been so arranged that even those who are not able to command the assistance of an efficient teacher will be able by themselves to read, parse, and translate every word of this ancient collection of Indian fables.

The first line contains the Sanskrit text in Devanâgarî letters, the words properly joined according to the rules of Sandhi.

The second line gives every word transcribed in Roman letters. The system of transliteration is that of Sir W. Jones, with a few modifications which are now generally adopted by Sanskrit scholars. The words are separated, and the final and initial letters allowed to remain unaffected by the rules of Sandhi. Compound words have been divided, and the single words which enter into composition are given in their crude forms. Thus *saṁskritoktishu* is printed *saṁskrita-uktishu*, but not *sam-krita-uktishu*, because it is *saṁskrita*, as a ready-made word, that enters into composition with *ukti*. *Saṁskâras*, on the contrary, is divided into *sam-kâras*, thus showing the reader that the insertion of the *s*, and the change of *m* into Anusvâra, are the result of the composition of *kâras* with *sam*. According to the same system *samunnatim* is printed *sam-ud-natim*, *râjaputrâs* appears as *râjan-putrâs*, *upaiti* as *upa-eti*, &c. Two advantages are thus secured: the pupil is warned against reading the Devanâgarî text too mechanically by the aid of the transliteration, and his attention is from the first attracted to the rules which govern the composition of words.

The third line contains a grammatical analysis of every word. The space that could be spared for this being very limited, it was necessary to use abbreviations, a complete list of which will be found at the end of the preface.

The fourth line supplies an English interlinear translation. As far as possible each Sanskrit word is here rendered by an English word, the succession of words in Sanskrit being preserved throughout in English. Any attempt at English idiom was out of the question; yet it is hoped that, by the help of the grammatical analysis, this English transvocabulation (*sit venia verbo*) may be intelligible and useful to a diligent student.

From page 38 the transliteration is discontinued. The student, after having worked his way through the first thirty-eight pages, ought to be sufficiently familiarised with the Devanâgarî alphabet to be able to dispense henceforth with the Roman transcript. In order to mark the end of words which in the Devanágarí text are joined together with the next following words, a dot has been placed beneath the final letter, an expedient which, it is hoped, will prove useful to the beginner, and do away with the necessity of separating the final and initial letters of words which, according to the genius of the Sanskrit language, cannot be conceived as separated from each other.

From page 68 the grammatical analysis too has been discontinued. The student, after having read so far, may reasonably be supposed to have acquired such a knowledge of the elements of Sanskrit grammar as to be able to read the rest of the first book of the Hitopadeśa with the help of a literal interlinear translation.

The Sanskrit text is chiefly based on that of Lakshamí Náráyan Nyálankár, in his edition of the Hitopadeśa, with a Bengali and English translation, Calcutta, 1830. Deviations from that text were only resorted to where grammar, regard for the difficulties of beginners, or decency, seemed to require it. That text was chosen as an authority, partly because it was desirable to have, as far as possible, the same text in the examinations in India and in England, partly because an eclectic text, even one so carefully elaborated as that of Schlegel and Lassen, seemed to be incompatible with those principles of diplomatic criticism which are now adopted by all sound scholars, not only in Greek and Latin, but likewise in Sanskrit and Oriental literature. No attempt has yet been made to arrange the numerous MSS. of the Hitopadeśa genealogically, and there is hardly another work with which each copyist has ventured to take such liberties as with this, the most popular story-book of India. Until MSS. have been genealogically arranged, a selection of certain plausible readings from this or that MS. is worse than useless. In my translation of the Hitopadeśa, published in the year 1844, I pointed out that an eclectic restoration of the text, even if carried out by men of taste and profound scholarship, could never satisfy the demands of modern criticism. As the labour of collating and classifying the MSS. of the Hitopadeśa would have been very great, and as, owing to the nature of this popular work, the result would always have been problematical, I determined to make no attempt at a critical restoration of the text, but to adhere throughout to some one native authority. The reason why I preferred the text of Lakshamí Náráyan Nyálankár, the Bengali editor and translator of this Indian school-book, to any single MS. of the Hitopadeśa, was, as I stated before, of a purely practical nature—I wished there should be, as far as possible, a certain uniformity in the text-books used in England and in India. I have also to confess that in cases where such common phrases as *tathá cha*, *aparam cha*, *tathá cha uktam* ('and thus it is said') would have entailed a blank space of four lines, they have sometimes been omitted, and that the same consideration has occasionally required the omission of certain portions in the grammatical analysis of the text.

The manuscript of the First Book of the Hitopadeśa, as here printed, was carefully prepared for me, according to the principles just explained, by Dr. F. Kielhorn, and I hope that the labour bestowed upon it by him and by myself will prove useful to that daily increasing class of scholars who wish to acquire an accurate knowledge of the classical language of ancient India, whether as a preparation for the study of the spoken vernaculars, or as an introduction to the science of language.

Transliteration of the Devanâgarî Alphabet.

अ	a	औ	au	ठ	ṭh	भ	bh
आ	â	क	k	ड	ḍ	म	m
इ	i	ख	kh	ढ	ḍh	य	y
ई	î	ग	g	ण	ṇ	र	r
उ	u	घ	gh	त	t	ल	l
ऊ	û	ङ	ṅ	थ	th	व	v
ऋ	ṛi	च	ch	द	d	श	ś
ॠ	ṛî	छ	chh	ध	dh	ष	sh
ऌ	ḷi	ज	j	न	n	स	s
ए	e	झ	jh	प	p	ह	h
ऐ	ai	ञ	ñ	फ	ph	अं	aṁ
ओ	o	ट	ṭ	ब	b	अः	aḥ

List of Abbreviations.

N. = Nominative.	Pres. = Present.	Ind. = indeclinable.
G. = Genitive.	Impf. = Imperfect.	Adv. = Adverb.
D. = Dative.	Perf. = Perfect.	Prep. = Preposition.
Ac. = Accusative.	Aor. = Aorist.	rt. = root.
V. = Vocative.	Fut. = Future.	aff. = affix.
Ab. = Ablative.	Pot. = Potential.	Compar. = Comparative.
I. = Instrumental.	Imp. = Imperative.	Superl. = Superlative.
L. = Locative.	Pte. = Participle.	Tp. = Tatpurusha.
m. = masculine.	Inf. = Infinitive.	Karm. = Karmadhâraya.
f. = feminine.	Ger. = Gerund.	Bahuv. = Bahuvrîhi.
n. = neuter.	Par. = Parasmaipada.	Dvand. = Dvandva.
sg. = singular.	Âtm. = Âtmanepada.	Avyay. = Avyayîbhâva.
pl. = plural.	Pass. = Passive.	cf. = compare.
du. = dual.	Caus. = Causative.	id. = the same.

The Anusvâra and the Nasal Dot.

Another abbreviation which I have adopted in the Sanskrit text requires a few words of explanation.

According to Pâṇini (viii. 3, 23), every *m* at the end of a word (*pada*), may, before any consonant, be pronounced as Anusvâra. Hence we find the following combinations:—

तं करोति,	तं खादति,	तं गच्छति,	तं घोषयति	तं ङकारं,
1. taṁ karoti,	2. taṁ khâdati,	3. taṁ gachchhati,	4. taṁ ghoshayati,	5. taṁ ṅakâram,
तं चिनोति,	तं छिनत्ति,	तं जयति,	तं झकारं,	तं ञकारं,
6. taṁ chinoti,	7. taṁ chhinatti,	8. taṁ jayati,	9. taṁ jhakâram,	10. taṁ ñakâram,
तं टकारं,	तं ठकारं,	तं डकारं,	तं ढकारं,	तं णकारं,
11. taṁ ṭakâram,	12. taṁ ṭhakâram,	13. taṁ ḍakâram,	14. taṁ ḍhakâram,	15. taṁ ṇakâram.
तं तुदति,	तं थकारं,	तं ददाति,	तं धमति,	तं नयति,
16. taṁ tudati,	17. taṁ thakâram,	18. taṁ dadâti,	19. taṁ dhamati,	20. taṁ nayati,
तं पिबति,	तं फलं,	तं बोधति,	तं भिनत्ति,	तं मोचयति,
21. taṁ pibati,	22. taṁ phalam,	23. taṁ bodhati,	24. taṁ bhinatti,	25. taṁ mochayati,
तं याति,	तं रक्षति,	तं लभते,	तं वहति,	
26. taṁ yâti,	27. taṁ rakshati,	28. taṁ labhate,	29. taṁ vahati,	
तं शृणोति,	तं षकारं,	तं सरति,	तं हरति.	
30. taṁ śṛiṇoti,	31. taṁ shakâraṁ,	32. taṁ sarati,	33. taṁ harati.	

According to the same Pâṇini, however (viii. 4, 59), this Anusvâra, at the end of words, may be (not *must be*) pronounced like the nasal corresponding to the initial letter of the following word, unless that initial letter be *ś, sh, s, h*; to which may be added *r*. Hence we find

In 1–5, तङ्करोति or तं करोति, taṅ karoti or taṁ karoti;

In 6–10, तञ्चिनोति or तं चिनोति, tañ chinoti or taṁ chinoti;

In 11–15, तण्टकारं or तं टकारं, taṇ ṭakâram or taṁ ṭakâram;

in 16–20, तन्तुदति or तं तुदति, tan tudati or taṁ tudati;

in 21–25, तम्पिबति or तं पिबति, tam pibati or taṁ pibati.

Of the semivowels, *r* only has no corresponding nasal, but य, ल, व, y, l, v, have their corresponding nasals, written यं, लं, वं, or यँ, लँ, वँ, ẏ, l̐, v̐. Hence,

in 26, तय्ँयाति or तं याति, taẏ yâti or taṁ yâti;

in 28, तल्ँलभते or तं लभते, tal̐ labhate or taṁ labhate;

in 29, तव्ँवहति or तं वहति, tav̐ vahati or taṁ vahati.

In 30–33, before *ś*, sh, s, h, and in 27, before r, the change of *m* into Anusvâra is absolute.

All cases * are thus provided for in which an *m* at the end of words is followed by a consonant. The only case not provided for is when *m* stands *in pausâ*. Here, according to the strict interpretation of Pâṇini, as no change of *m* into Anusvâra is prescribed, *m* ought to be pronounced *m*.

We now come to *m* in the middle of words. Here Pâṇini prescribes, first (viii. 3, 24), that *m* is pronounced as Anusvâra before any consonant except *y, r, l, v*, and *ṅ, ñ, ṇ, n, m*. But this, in the peculiar style of his grammar, is only a step to a further rule (viii. 4, 58), according to which every Anusvâra that has thus been enjoined, must be (not *may be*) pronounced like the nasal belonging to the consonant following, except before *ś, sh, s, h*, where it remains Anusvâra. The long and short of these rules is, that *m*, in the middle of a word, is pronounced like the nasal of the consonant following, except before *y, r, l, v, ṅ, ñ, ṇ, n, m* (where no change is enjoined by viii. 3, 24), and except before *ś, sh, s, h* (where the change of *m* into Anusvâra, prescribed by viii. 3, 24, is not repealed by viii. 4, 58).

It is absolutely necessary, therefore, to pronounce:

(1) अङ्किता aṅkitâ, अञ्चिता añchitâ, कुण्डिता kuṇḍitâ, नन्दिता nanditâ, कम्पिता kampitâ.

It is absolutely necessary to pronounce:

(2) गम्यते gamyate, नम्रः namraḥ, अम्लः amlaḥ;

And it is absolutely necessary to pronounce:

(3) आक्रंस्यते âkraṁsyate, संस्कृतः saṁskṛita [likewise यशांसि yaśâṁsi, धनूंषि dhanûṁshi, where Pâṇini treats the inserted nasal as *n* (*num*)].

All these rules will be found carefully observed in the text of the Hitopadeśa, with one exception. In apparent defiance of Pâṇini, the best MSS., and I would particularly instance the MSS. of the Saṁhitâ and Pada texts of the Rig-Veda, write, not अङ्किता, but अंकिता; not अञ्चिता, but अंचिता; not कुण्डिता, but कुंडिता; not नन्दिता, but नंदिता; not

* A few exceptions mentioned by Pâṇini serve only to confirm these general rules as far as the *m* at the end of words is concerned. Thus (Pâṇ. viii. 3, 25), in the compound *sam-râṭ*, a great king, the *m* of *sam*, though according to Sanskrit grammarians, standing at the end of a word (*padânta*), must be pronounced as *m*, not as Anusvâra. Hence, सम्राट् samrâṭ, not संराट् saṁrâṭ. But this applies to this one compound only; hence संराजिता, saṁrâjitâ, not सम्राजिता samrâjitâ.

Again (Pâṇ. viii. 3, 26), if initial *h* is followed by *m*, the final *m* of the preceding word may either, according to the general rule, be pronounced as Anusvâra, or remain *m*. Thus: किं ह्मलयति or किम्ह्मलयति, *kiṁ hmalayati* or *kim hmalayati*. The reason of this must be found in the slight pronunciation of *h* before *m*; so that *m*, not *h*, seems to be sounded as the initial of *hmalayati*. The same option is given by some grammarians with regard to words beginning with *hy, hl, hn*. Natives very commonly write *Bramha*, instead of *Brahma*, i.e. they pronounce *mh* instead of *hm*. Pâṇini (viii. 3, 27), gives a similar option with regard to words beginning with *hn*. Hence, *kiṁ hnute*, or *kin hnute*.

कम्पिता, but कंपिता. The reason of this is palpable: it is easier to write अंकिता than अङ्किता. What applies to writing applies with still greater force to printing, and I have, therefore, in all my Sanskrit publications, preferred the more compendious system of representing the five nasals before the consonants of their own classes by the dot above the line. It should be clearly understood, however, that whether we write अङ्किता or अंकिता, the rule of Pâṇini, which refers to pronunciation and not to writing, is equally absolute, and that in the middle of a word the only nasals that can be sounded before *k, kh, g, gh, ch, chh, j, jh, ṭ, ṭh, ḍ, ḍh, t, th, d, dh, p, ph, b, bh*, are the nasals of the five classes to which these consonants belong (ङ्, ञ्, ण्, न्, म्). The dot, therefore, used in writing and printing is here a mere graphic substitute for these five nasals, and in no way to be confounded with the dot as the sign of the Anusvâra.

At the end of words, as the pronunciation in cases 1–25, 26, 28, 29, is optional, the dot, which in accordance with most MSS. I always prefer, may either be pronounced as Anusvâra or looked upon as the graphic substitute for any of the five class-nasals and of the three nasalised semi-vowels. Only, if it precedes words beginning with *r, ś, sh, s, h*, the final dot must be pronounced as Anusvâra. Lastly, if words ending in *m* stand *in pausâ*, the final dot, according to the strict interpretation of Pâṇini, is always to be pronounced as *m*.

Though this matter is in itself simple enough, it has been much complicated by grammarians who did not perceive that the rules given by Pâṇini refer to pronunciation and not to writing, and that in Sanskrit MSS. and native publications the dot has really two quite distinct functions:

1. It marks the sound of Anusvâra at the end of words before *ś, sh, s, h*, and *r* (optionally before any consonant), and in the middle of words before *ś, sh, s, h*.

2. It graphically replaces in the middle of words the five nasals before the twenty mutes, and the *m* at the end of words *in pausâ*.

In an elementary book like the present, the consistent use of the dot instead of the five class-nasals in the cases described above, has the advantage that while it removes any doubt as to the original nature of final *ṅ, ṇ*, and *n*, when followed by initial sonant Palatals, Linguals, and Dentals,* it forces the student to practice the phonetic rules in order to be able to judge for himself whether the dot represents the sound of Anusvâra or whether it is used as an abbreviation in place of one of the five class-nasals.

MAX MÜLLER.

WEYMOUTH: *September* 1884.

* Thus ताञ्जयति, *tâñ jayati*, always represents an original तान् जयति, *tân jayati*, he conquers them; while तां जयति, *tâṁ jayati*, stands for an original ताम् जयति, *tâm jayati*, he conquers her. The nasal dot never represents an original *m* except in the middle of words before *t, th, d, dh*. In cases like हंसः, *haṁsaḥ*, or मीमांसा, *mîmâṁsâ*, the dot is meant for Anusvâra.

CONTENTS.

॥ श्रीगणेशाय नमः ॥

॥ अथ हितोपदेशः ॥

सिद्धिः साध्ये सतामस्तु प्रसादात्तस्य धूर्जटेः ।
जाह्नवीफेनलेखेव यन्मूर्ध्नि शशिनः कला ॥ १ ॥
श्रुतो हितोपदेशोऽयं पाटवं संस्कृतोक्तिषु ।
वाचां सर्वत्र वैचित्र्यं नीतिविद्यां ददाति च ॥ २ ॥
अजरामरवत्प्राज्ञो विद्यामर्थं च चिंतयेत् ।
गृहीत इव केशेषु मृत्युना धर्ममाचरेत् ॥ ३ ॥
सर्वद्रव्येषु विद्यैव द्रव्यमाहुरनुत्तमं ।
अहार्यत्वादनर्घत्वादक्षयत्वाच्च सर्वदा ॥ ४ ॥
संगमयति विद्यैव नीचगापि नरं सरित् ।
समुद्रमिव दुर्धर्षं नृपं भाग्यमतः परं ॥ ५ ॥
विद्या ददाति विनयं विनयाद्याति पात्रतां ।
पात्रत्वाद्धनमाप्नोति धनाद्धर्मं ततः सुखं ॥ ६ ॥
विद्या शस्त्रस्य शास्त्रस्य द्वे विद्ये प्रतिपत्तये ।
आद्या हास्याय वृद्धत्वे द्वितीयाद्रियते सदा ॥ ७ ॥
यन्नवे भाजने लग्नः संस्कारो नान्यथा भवेत् ।
कथाछलेन बालानां नीतिस्तदिह कथ्यते ॥ ८ ॥
मित्रलाभः सुहृद्भेदो विग्रहः संधिरेव च ।
पंचतंत्रात्तथान्यस्माद्ग्रंथादाकृष्य लिख्यते ॥ ९ ॥

अस्ति भागीरथीतीरे पाटलिपुत्रनामधेयं नगरं । तत्र सर्वस्वामिगुणोपेतः

सुदर्शनो नाम नरपतिरासीत्। स भूपतिरेकदा केनापि पठ्यमानं श्लोकद्वयं शुश्राव।

अनेकसंशयोच्छेदि परोक्षार्थस्य दर्शकं।
सर्वस्य लोचनं शास्त्रं यस्य नास्त्यंध एव सः ॥ १० ॥
यौवनं धनसंपत्तिः प्रभुत्वमविवेकता।
एकैकमप्यनर्थाय किमु यत्र चतुष्टयं ॥ ११ ॥

इत्याकर्ण्यात्मनः पुत्राणामनधिगतशास्त्राणां नित्यमुन्मार्गगामिनां शास्त्रानुष्ठानेनोद्विग्नमनाः स राजा चिंतयामास।

को ऽर्थः पुत्रेण जातेन यो न विद्वान्न धार्मिकः।
काणेन चक्षुषा किं वा चक्षुःपीडैव केवलं ॥ १२ ॥
अजातमृतमूर्खाणां वरमाद्यौ न चांतिमः।
सकृद्दुःखकरावाद्यावंतिमस्तु पदे पदे ॥ १३ ॥

किंच। स जातो येन जातेन याति वंशः समुन्नतिं।
परिवर्तिनि संसारे मृतः को वा न जायते ॥ १४ ॥
गुणिगणगणनारंभे न पतति कठिनी सुसंभ्रमाद्यस्य।
तेनांबा यदि सुतिनी वद वंध्या कीदृशी नाम ॥ १५ ॥

अपि च। दाने तपसि शौर्ये च यस्य न प्रथितं मनः।
विद्यायामर्थलाभे च मातुरुच्चार एव सः ॥ १६ ॥

अपरं च। वरमेको गुणी पुत्रो न च मूर्खशतैरपि।
एकश्चंद्रस्तमो हंति न च तारागणैरपि ॥ १७ ॥
पुण्यतीर्थे कृतं येन तपः क्वाप्यतिदुष्करं।
तस्य पुत्रो भवेद्वश्यः समृद्धो धार्मिकः सुधीः ॥ १८ ॥

अर्थागमो नित्यमरोगिता च प्रियश्च भार्या प्रियवादिनी च।
वश्यश्च पुत्रो ऽर्थकरी च विद्या षड्जीवलोकस्य सुखानि राजन् ॥ १८ ॥

को धन्यो बहुभिः पुत्रैः कुशूलापूरणाढकैः।
वरमेकः कुलालंबी यत्र विश्रूयते पिता ॥ २० ॥
ऋणकर्ता पिता शत्रुर्माता च व्यभिचारिणी।
भार्या रूपवती शत्रुः पुत्रः शत्रुरपंडितः ॥ २१ ॥
अनभ्यासे विषं विद्या अजीर्णे भोजनं विषं।
विषं सभा दरिद्रस्य वृद्धस्य तरुणी विषं ॥ २२ ॥

यस्य कस्य प्रसूतो ऽपि गुणवान्पूज्यते नरः ।
धनुर्वंशविशुद्धो ऽपि निर्गुणः किं करिष्यति ॥ २३ ॥
हा हा पुत्रक नाधीतं सुगतैतासु रात्रिषु ।
तेन त्वं विदुषां मध्ये पंके गौरिव सीदसि ॥ २४ ॥

तत्कथमिदानीमेते मम पुत्रा गुणवंतः क्रियंतां ।

आहारनिद्राभयमैथुनं च सामान्यमेतत्पशुभिर्नराणां ।
धर्मो हि तेषामधिको विशेषो धर्मेण हीनाः पशुभिः समानाः ॥ २५ ॥

यतः । धर्मार्थकाममोक्षाणां यस्यैको ऽपि न विद्यते ।
अजागलस्तनस्येव तस्य जन्म निरर्थकं ॥ २६ ॥

यच्चोच्यते । आयुः कर्म च वित्तं च विद्या निधनमेव च ।
पंचैतान्यपि सृज्यंते गर्भस्थस्यैव देहिनः ॥ २७ ॥

किंच । अवश्यंभाविनो भावा भवंति महतामपि ।
नग्नत्वं नीलकंठस्य महाहिशयनं हरेः ॥ २८ ॥

अपि च । यदभावि न तद्भावि भावि चेन्न तदन्यथा ।
इति चिंताविषघ्नो ऽयमगदः किं न पीयते ॥ २९ ॥

एतत्कार्याक्षमाणां केषांचिदालस्यवचनं ।

न दैवमपि संचिंत्य त्यजेदुद्योगमात्मनः ।
अनुद्योगेन तैलानि तिलेभ्यो नाप्तुमर्हति ॥ ३० ॥

अन्यच्च । उद्योगिनं पुरुषसिंहमुपैति लक्ष्मीः
दैवेन देयमिति कापुरुषा वदंति ।
दैवं निहत्य कुरु पौरुषमात्मशक्त्या
यत्ने कृते यदि न सिध्यति को ऽत्र दोषः ॥ ३१ ॥
यथा ह्येकेन चक्रेण न रथस्य गतिर्भवेत् ।
एवं पुरुषकारेण विना दैवं न सिध्यति ॥ ३२ ॥

तथा च । पूर्वजन्मकृतं कर्म तद्दैवमिति कथ्यते ।
तस्मात्पुरुषकारेण यत्नं कुर्यादतंद्रितः ॥ ३३ ॥
यथा मृत्पिंडतः कर्ता कुरुते यद्यदिच्छति ।
एवमात्मकृतं कर्म मानवः प्रतिपद्यते ॥ ३४ ॥
काकतालीयवत्प्राप्तं दृष्ट्वापि निधिमग्रतः ।
न स्वयं दैवमादत्ते पुरुषार्थमपेक्षते ॥ ३५ ॥

उद्यमेन हि सिध्यंति कार्याणि न मनोरथैः ।
न हि सुप्तस्य सिंहस्य प्रविशंति मुखे मृगाः ॥ ३६ ॥
मातृपितृकृताभ्यासो गुणितामेति बालकः ।
न गर्भच्युतिमात्रेण पुत्रो भवति पंडितः ॥ ३७ ॥
माता शत्रुः पिता वैरी येन बालो न पाठितः ।
न शोभते सभामध्ये हंसमध्ये बको यथा ॥ ३८ ॥
रूपयौवनसंपन्ना विशालकुलसंभवाः ।
विद्याहीना न शोभंते निर्गंधा इव किंशुकाः ॥ ३९ ॥
मूर्खोऽपि शोभते तावत्सभायां वस्त्रवेष्टितः ।
तावच्च शोभते मूर्खो यावत्किंचिन्न भाषते ॥ ४० ॥

एतच्चिंतयित्वा स राजा पंडितसभां कारितवान् । राजोवाच । भो भोः पंडिताः श्रूयतां । अस्ति कश्चिदेवंभूतो विद्वान्यो मम पुत्राणां नित्यमुन्मार्गगामिनामनधिगतशास्त्राणामिदानीं नीतिशास्त्रोपदेशेन पुनर्जन्म कारयितुं समर्थः ।

यतः । काचः कांचनसंसर्गाद्धत्ते मारकतीं द्युतिं ।
तथा सत्संनिधानेन मूर्खो याति प्रवीणतां ॥ ४१ ॥
उक्तं च । हीयते हि मतिस्तात हीनैः सह समागमात् ।
समैश्च समतामेति विशिष्टैश्च विशिष्टतां ॥ ४२ ॥

अत्रांतरे विष्णुशर्मनामा महापंडितः सकलनीतिशास्त्रतत्त्वज्ञो बृहस्पतिरिवाब्रवीत् । देव महाकुलसंभूता एते राजपुत्राः । तन्मया नीतिं ग्राहयितुं शक्यंते ।

यतः । नाद्रव्ये निहिता काचित्क्रिया फलवती भवेत् ।
न व्यापारशतेनापि शुकवत्पाठ्यते बकः ॥ ४३ ॥
अन्यच्च । अस्मिंस्तु निर्गुणं गोत्रे नापत्यमुपजायते ।
आकरे पद्मरागाणां जन्म काचमणेः कुतः ॥ ४४ ॥

अतोऽहं षण्मासाभ्यंतरे तव पुत्रान्नीतिशास्त्राभिज्ञान्करिष्यामि । राजा सविनयं पुनरुवाच ।

कीटोऽपि सुमनःसंगादारोहति सतां शिरः ।
अश्मापि याति देवत्वं महद्भिः सुप्रतिष्ठितः ॥ ४५ ॥
अन्यच्च । यथोदयगिरेर्द्रव्यं संनिकर्षेण दीप्यते ।
तथा सत्संनिधानेन हीनवर्णोऽपि दीप्यते ॥ ४६ ॥

गुणा गुणज्ञेषु गुणा भवंति ते निर्गुणं प्राप्य भवंति दोषाः।
आस्वाद्यतोयाः प्रभवंति नद्यः समुद्रमासाद्य भवंत्यपेयाः ॥ ४७ ॥

तदेतेषामस्मत्पुत्राणां नीतिशास्त्रोपदेशाय भवंतः प्रमाणं। इत्युक्त्वा तस्य विष्णुशर्मणो बहुमानपुरःसरं पुत्रान् समर्पितवान्। अथ प्रासादपृष्ठे सुखोपविष्टानां राजपुत्राणां पुरस्तात्प्रस्तावक्रमेण स पंडितो ऽब्रवीत्।

काव्यशास्त्रविनोदेन कालो गच्छति धीमतां।
व्यसनेन च मूर्खाणां निद्रया कलहेन वा ॥ ४८ ॥

तद्भवतां विनोदाय काककूर्मादीनां विचित्रां कथां कथयामि। राजपुत्रैरुक्तं। आर्य कथ्यतां। विष्णुशर्मोवाच। शृणुत। संप्रति मित्रलाभः प्रस्तूयते यस्यायमाद्यः श्लोकः॥

॥ मित्रलाभः ॥

असाधना वित्तहीना बुद्धिमंतः सुहृत्तमाः।
साधयंत्याशु कार्याणि काककूर्ममृगाखुवत् ॥ १ ॥

राजपुत्रा ऊचुः। कथमेतत्। विष्णुशर्मा कथयति। अस्ति गोदावरीतीरे विशालः शाल्मलीतरुः। तत्र नानादिग्देशादागत्य रात्रौ पक्षिणो निवसंति। अथ कदाचिदवसन्नायां रात्रावस्ताचलचूडावलंबिनि भगवति कुमुदिनीनायके चंद्रमसि लघुपतनकनामा वायसः प्रबुद्धः कृतांतमिव द्वितीयमायांतं व्याधमपश्यत्। तमवलोक्याचिंतयत्। अद्य प्रातरेवानिष्टदर्शनं जातं। न जाने किमनभिमतं दर्शयिष्यति। इत्युक्त्वा तदनुसरणक्रमेण व्याकुलश्चलितः।

यतः। शोकस्थानसहस्राणि भयस्थानशतानि च।
दिवसे दिवसे मूढमाविशंति न पंडितं ॥ २ ॥

अन्यच्च। विषयिणामिदमवश्यं कर्तव्यं।

उत्थायोत्थाय बोद्धव्यं महद्भयमुपस्थितं।
मरणव्याधिशोकानां किमद्य निपतिष्यति ॥ ३ ॥

अथ तेन व्याधेन तंडुलकणान्विकीर्य जालं विस्तीर्णं। स च प्रच्छन्नो भूत्वा

स्थितः। तस्मिन्नेव काले चित्रग्रीवनामा कपोतराजः सपरिवारो वियति विसर्पंस्तांस्तंडुलकणानवलोकयामास। ततः कपोतराजस्तंडुलकणलुब्धान्कपोतान्प्रत्याह। कुतो ऽत्र निर्जने वने तंडुलकणानां संभवः। तन्निरूप्यतां तावत्। भद्रमिदं न पश्यामि। प्रायेणानेन तंडुलकणलोभेनास्माभिरपि तथा भवितव्यं

कंकणस्य तु लोभेन मग्नः पंके सुदुस्तरे।
वृद्धव्याघ्रेण संप्राप्तः पथिकः स मृतो यथा ॥ ४ ॥

कपोता ऊचुः। कथमेतत्। सो ऽब्रवीत्। अहमेकदा दक्षिणारण्ये चरन्नपश्यं। एको वृद्धव्याघ्रः स्नातः कुशहस्तः सरस्तीरे ब्रूते। भो भोः पांथ इदं सुवर्णकंकणं गृह्यतां। ततो लोभाकृष्टेन केनचित्पांथेनालोचितं। भाग्येनैतत्संभवति। किंत्वस्मिन्नात्मसंदेहे प्रवृत्तिर्न विधेया।

यतः। अनिष्टादिष्टलाभे ऽपि न गतिर्जायते शुभा।
यत्रास्ते विषसंसर्गो ऽमृतं तदपि मृत्यवे ॥ ५ ॥

किंतु सर्वत्रार्थार्जने प्रवृत्तिः संदेह एव।

तथा चोक्तं। न संशयमनारुह्य नरो भद्राणि पश्यति।
संशयं पुनरारुह्य यदि जीवति पश्यति ॥ ६ ॥

तन्निरूपयामि तावत्। प्रकाशं ब्रूते। कुत्र तव कंकणं। व्याघ्रो हस्तं प्रसार्य दर्शयति। पांथो ऽवदत्। कथं मारात्मके त्वयि विश्वासः। व्याघ्र उवाच। शृणु रे पांथ। प्रागेव यौवनदशायामतिदुर्वृत्त आसं। अनेकगोमानुषाणां वधान्मे पुत्रा मृता दाराश्च वंशहीनश्चाहं। ततः केनचिद्धार्मिकेणाहमादिष्टः। दानधर्मादिकं चरतु भवान्। तदुपदेशादिदानीमहं स्नानशीलो दाता वृद्धो गलितनखदंतो न कथं विश्वासभूमिः।

यतः। इज्याध्ययनदानानि तपः सत्यं धृतिः क्षमा।
अलोभ इति मार्गो ऽयं धर्मस्याष्टविधः स्मृतः ॥ ७ ॥
तत्र पूर्वश्चतुर्वर्गो दंभार्थमपि सेव्यते।
उत्तरस्तु चतुर्वर्गो महात्मन्येव तिष्ठति ॥ ८ ॥

मम चैतावांल्लोभविरहो येन स्वहस्तस्थमपि सुवर्णकंकणं यस्मै कस्मैचिद्दातुमिच्छामि। तथापि व्याघ्रो मानुषं खादतीति लोकप्रवादो दुर्निवारः।

यतः। गतानुगतिको लोकः कुट्टनीमुपदेशिनीं।
प्रमाणयति नो धर्मे यथा गोघ्नमपि द्विजं ॥ ९ ॥

मया च धर्मशास्त्राण्यधीतानि। शृणु।

मरुस्थल्यां यथा वृष्टिः क्षुधार्ते भोजनं तथा।
दरिद्रे दीयते दानं सफलं पांडुनंदन ॥ १० ॥
प्राणा यथात्मनो ऽभीष्टा भूतानामपि ते तथा।
आत्मौपम्येन भूतेषु दयां कुर्वंति साधवः ॥ ११ ॥

अपरं च। प्रत्याख्याने च दाने च सुखदुःखे प्रियाप्रिये।
आत्मौपम्येन पुरुषः प्रमाणमधिगच्छति ॥ १२ ॥

अन्यच्च। मातृवत्परदारेषु परद्रव्येषु लोष्टवत्।
आत्मवत्सर्वभूतेषु यः पश्यति स पंडितः ॥ १३ ॥

त्वं चातीव दुर्गतस्तेन तत्तुभ्यं दातुं सयत्नो ऽहं।

तथा चोक्तं। दरिद्रान्भर कौंतेय मा प्रयच्छेश्वरे धनं।
व्याधितस्यौषधं पथ्यं नीरुजस्य किमौषधैः ॥ १४ ॥

अन्यच्च। दातव्यमिति यद्दानं दीयते ऽनुपकारिणे।
देशे काले च पात्रे च तद्दानं सात्त्विकं विदुः ॥ १५ ॥

तदत्र सरसि स्नात्वा सुवर्णकंकणं गृहाण। ततो यावदसौ तद्वचः प्रतीतो लोभात्सरः स्नातुं प्रविशति तावन्महापंके निमग्नः पलायितुमक्षमः। पंके पतितं दृष्ट्वा व्याघ्रो ऽवदत्। अहह महापंके पतितो ऽसि। अतस्त्वामहमुत्थापयामि। इत्युक्त्वा शनैः शनैरुपगम्य तेन व्याघ्रेण धृतः स पांथो ऽचिंतयत्।

न धर्मशास्त्रं पठतीति कारणं न चापि वेदाध्ययनं दुरात्मनः।
स्वभाव एवात्र तथातिरिच्यते यथा प्रकृत्या मधुरं गवां पयः ॥ १६ ॥

किं च। अवशेंद्रियचित्तानां हस्तिस्नानमिव क्रिया।
दुर्भगाभरणप्रायो ज्ञानं भारः क्रियां विना ॥ १७ ॥

तन्मया भद्रं न कृतं यदत्र मारात्मके विश्वासः कृतः।

तथा चोक्तं। नदीनां शस्त्रपाणीनां नखिनां शृंगिणां तथा।
विश्वासो नैव कर्तव्यः स्त्रीषु राजकुलेषु च ॥ १८ ॥

अपरं च। सर्वस्य हि परीक्ष्यंते स्वभावा नेतरे गुणाः।
अतीत्य हि गुणान्सर्वान्स्वभावो मूर्ध्नि वर्तते ॥ १९ ॥

अन्यच्च। स हि गगनविहारी कल्मषध्वंसकारी
दशशतकरधारी ज्योतिषां मध्यचारी।

विधुरपि विधियोगाद्ग्रस्यते राहुणासौ

लिखितमपि ललाटे प्रोज्झितुं कः समर्थः ॥ २० ॥

इति चिंतयन्नेवासौ व्याघ्रेण व्यापादितः खादितश्च। अतोऽहं ब्रवीमि कंकणस्य तु लोभेनेत्यादि। अतः सर्वथाविचारितं कर्म न कर्तव्यं।

यतः। सुजीर्णमन्नं सुविचक्षणः सुतः सुशासिता स्त्री नृपतिः सुसेवितः।

सुचिंत्य चोक्तं सुविचार्य यत्कृतं सुदीर्घकालेऽपि न याति विक्रियां ॥ २१ ॥

एतद्वचनं श्रुत्वा कश्चित्कपोतः सदर्पमाह। आः किमेवमुच्यते।

वृद्धानां वचनं ग्राह्यमापत्काले ह्युपस्थिते।

सर्वत्रैव विचारेण भोजने न प्रवर्तते ॥ २२ ॥

यतः। शंकाभिः सर्वमाक्रांतमन्नं पानं च भूतले।

प्रवृत्तिः कुत्र कर्तव्या जीवितव्यं कथं नु वा ॥ २३ ॥

ईर्ष्यी घृणी त्वसंतुष्टः क्रोधनो नित्यशंकितः।

परभाग्योपजीवी च षडेते दुःखभागिनः ॥ २४ ॥

एतच्छ्रुत्वा सर्वे कपोतास्तत्रोपविष्टाः।

यतः। सुमहांत्यपि शास्त्राणि धारयंतो बहुश्रुताः।

छेत्तारः संशयानां च क्लिश्यंते लोभमोहिताः ॥ २५ ॥

अन्यच्च। लोभात्क्रोधः प्रभवति लोभात्कामः प्रजायते।

लोभान्मोहश्च नाशश्च लोभः पापस्य कारणं ॥ २६ ॥

अन्यच्च। असंभवं हेममृगस्य जन्म तथापि रामो लुलुभे मृगाय।

प्रायः समापन्नविपत्तिकाले धियोऽपि पुंसां मलिना भवंति ॥ २७ ॥

अनंतरं सर्वे जालेन बद्धा बभूवुः। ततो यस्य वचनात्तत्रावलंबितास्तं सर्वे तिरस्कुर्वंति।

यतः। न गणस्याग्रतो गच्छेत्सिद्धे कार्ये समं फलं।

यदि कार्यविपत्तिः स्यान्मुखरस्तत्र हन्यते ॥ २८ ॥

तस्य तिरस्कारं श्रुत्वा चित्रग्रीव उवाच। नायमस्य दोषः।

यतः। आपदामापतंतीनां हितोऽप्यायाति हेतुतां।

मातृजंघा हि वत्सस्य स्तंभीभवति बंधने ॥ २९ ॥

अन्यच्च। स बंधुर्यो विपन्नानामापदुद्धरणक्षमः।

न तु भीतपरित्राणवस्तूपालंभपंडितः ॥ ३० ॥

विपत्काले विस्मय एव कापुरुषलक्षणं। तदत्र धैर्यमवलंब्य प्रतीकारश्चिंत्यतां।

यतः। विपदि धैर्यमथाभ्युदये क्षमा सदसि वाक्पटुता युधि विक्रमः।
यशसि चाभिरुचिर्व्यसनं श्रुतौ प्रकृतिसिद्धमिदं हि महात्मनां ॥ २१ ॥
संपदि यस्य न हर्षो विपदि विषादो रणे च धीरत्वं।
तं भुवनत्रयतिलकं जनयति जननी सुतं विरलं ॥ २२ ॥
अन्यच्च। षड्दोषाः पुरुषेणेह हातव्या भूतिमिच्छता।
निद्रा तंद्रा भयं क्रोध आलस्यं दीर्घसूत्रता ॥ २३ ॥
इदानीमप्येवं क्रियतां। सर्वैरेकचित्तीभूय जालमादायोड्डीयतां।
यतः। अल्पानामपि वस्तूनां संहतिः कार्यसाधिका।
तृणैर्गुणत्वमापन्नैर्बध्यंते मत्तदंतिनः ॥ २४ ॥
संहतिः श्रेयसी पुंसां स्वकुलैरल्पकैरपि।
तुषेणापि परित्यक्ता न प्ररोहंति तंडुलाः ॥ २५ ॥
इति विचिंत्य पक्षिणः सर्वे जालमादायोत्पतिताः। अनंतरं स व्याधः सुदू-
राज्जालापहारकांस्तानवलोक्य पश्चाद्धावन्नचिंतयत्।
संहतास्तु हरंत्येते मम जालं विहंगमाः।
यदा तु निपतिष्यंति वशमेष्यंति मे तदा ॥ २६ ॥
ततस्तेषु चक्षुर्विषयातिक्रांतेषु पक्षिषु स व्याधो निवृत्तः। अथ लुब्धकं निवृत्तं
दृष्ट्वा कपोता ऊचुः। किमिदानीं कर्तुमुचितं। चित्रग्रीव उवाच।
माता मित्रं पिता चेति स्वभावात्त्रितयं हितं।
कार्यकारणतश्चान्ये भवंति हितबुद्धयः ॥ २७ ॥
तदस्माकं मित्रं हिरण्यको नाम मूषिकराजो गंडकीतीरे चित्रवने निवसति।
सो ऽस्माकं पाशांश्छेत्स्यति। इत्यालोच्य सर्वे हिरण्यकविवरसमीपं गताः।
हिरण्यकश्च सर्वदापायशंकया शतद्वारं विवरं कृत्वा निवसति। ततो
हिरण्यकः कपोतावपातभयाच्चकितस्तूष्णीं स्थितः। चित्रग्रीव उवाच।
सखे हिरण्यक किमस्मान्न संभाषसे। ततो हिरण्यकस्तद्वचनं प्रत्यभिज्ञाय
ससंभ्रमं बहिर्निःसृत्याब्रवीत्। आः पुण्यवानस्मि प्रियसुहृन्मे चित्रग्रीवः
समायातः।
यस्य मित्रेण संभाषा यस्य मित्रेण संस्थितिः।
यस्य मित्रेण संलापस्ततो नास्तीह पुण्यवान् ॥ २८ ॥
पाशबद्धांश्चैतान्दृष्ट्वा सविस्मयः क्षणं स्थित्वोवाच। सखे किमेतत्। चित्र-
ग्रीवो ऽवदत्। सखे ऽस्माकं प्राक्तनजन्मकर्मणः फलमेतत्।

यस्माच्च येन च यथा च यदा च यच्च
यावच्च यत्र च शुभाशुभमात्मकर्म ।
तस्माच्च तेन च तथा च तदा च तच्च
तावच्च तत्र च विधातृवशादुपैति ॥ ३९ ॥
रोगशोकपरीतापबंधनव्यसनानि च ।
आत्मापराधवृक्षस्य फलान्येतानि देहिनां ॥ ४० ॥

एतच्छ्रुत्वा हिरण्यकश्चित्रग्रीवस्य बंधनं छेत्तुं सत्वरमुपसर्पति । चित्रग्रीव उवाच । मित्र मा मैवं । अस्मदाश्रितानामेषां तावत्पाशांश्छिंधि तदा मम पाशं पश्चाच्छेत्स्यसि । हिरण्यको ऽप्याह । अहमल्पशक्तिर्दंताश्च मे कोमलास्तदेतेषां पाशांश्छेत्तुं कथं समर्थः । तद्यावन्मे दंता न त्रुट्यंति तावत्तव पाशं छिनद्मि तदनंतरमेषामपि बंधनं यावच्छक्यं छेत्स्यामि । चित्रग्रीव उवाच । अस्त्वेवं तथापि यथाशक्त्येतेषां बंधनं खंडय । हिरण्यकेनोक्तं । आत्मपरित्यागेन यदाश्रितानां परिरक्षणं तन्न नीतिवेदिनां संमतं ।

यतः । आपदर्थे धनं रक्षेद्दारान्रक्षेद्धनैरपि ।
आत्मानं सततं रक्षेद्दारैरपि धनैरपि ॥ ४१ ॥
अन्यच्च । धर्मार्थकाममोक्षाणां प्राणाः संस्थितिहेतवः ।
तान्निघ्नता किं न हतं रक्षता किं न रक्षितं ॥ ४२ ॥

चित्रग्रीव उवाच । सखे नीतिस्तावदीदृश्येव किंत्वहमस्मदाश्रितानां दुःखं सोढुं सर्वथासमर्थः । तेनेदं ब्रवीमि ।

यतः । धनानि जीवितं चैव परार्थे प्राज्ञ उत्सृजेत् ।
सन्निमित्ते वरं त्यागो विनाशे नियते सति ॥ ४३ ॥

अयमपरश्चासाधारणो हेतुः ।
जातिद्रव्यगुणानां च साम्यमेषां मया सह ।
मत्प्रभुत्वफलं ब्रूहि कदा किं तद्भविष्यति ॥ ४४ ॥
अन्यच्च । विना वर्तनमेवैते न त्यजंति ममांतिकं ।
तन्मे प्राणव्ययेनापि जीवयैतान्ममाश्रितान् ॥ ४५ ॥
किंच । मांसमूत्रपुरीषास्थिनिर्मिते ऽस्मिन्कलेवरे ।
विनश्वरे विहायास्थां यशः पालय मित्र मे ॥ ४६ ॥
अपरं च पश्य । यदि नित्यमनित्येन निर्मलं मलवाहिना ।
यशः कायेन लभ्येत तन्न लब्धं भवेन्नु किं ॥ ४७ ॥

यतः । शरीरस्य गुणानां च दूरमत्यंतमंतरं ।
शरीरं क्षणविध्वंसि कल्पांतस्थायिनो गुणाः ॥ ४८ ॥

इत्याकर्ण्य हिरण्यकः प्रहृष्टमनाः पुलकितः सन्नब्रवीत् । साधु मित्र साधु । अनेनाश्रितवात्सल्येन त्रैलोक्यस्यापि प्रभुत्वं त्वयि युज्यते । एवमुक्त्वा तेन सर्वेषां बंधनानि छिन्नानि । ततो हिरण्यकः सर्वान्सादरं संपूज्याह । सखे चित्रग्रीव सर्वथात्र जालबंधनविधौ सति दोषमाशंक्यात्मन्यवज्ञा न कर्तव्या ।

यतः । यो ऽधिकाद्योजनशतात्पश्यतीहामिषं खगः ।
स एव प्राप्तकालस्तु पाशबंधं न पश्यति ॥ ४९ ॥

अपरं च । शशिदिवाकरयोर्ग्रहपीडनं गजभुजंगमयोरपि बंधनं ।
मतिमतां च विलोक्य दरिद्रतां विधिरहो बलवानिति मे मतिः ॥ ५० ॥

अन्यच्च । व्योमैकांतविहारिणो ऽपि विहगाः संप्राप्नुवंत्यापदं ।
बध्यंते निपुणैरगाधसलिलान्मत्स्याः समुद्रादपि ।
दुर्नीतं किमिहास्ति किं सुचरितं कः स्थानलाभे गुणः
कालो हि व्यसनप्रसारितकरो गृह्णाति दूरादपि ॥ ५१ ॥

इति प्रबोध्यातिथ्यं कृत्वालिंग्य च चित्रग्रीवस्तेन संप्रेषितो यथेष्टदेशान्सपरिवारो ययौ । हिरण्यको ऽपि स्वविवरं प्रविष्टः ।

यानि कानि च मित्राणि कर्तव्यानि शतानि च ।
पश्य मूषिकमित्रेण कपोता मुक्तबंधनाः ॥ ५२ ॥

अथ लघुपतनकनामा काकः सर्ववृत्तांतदर्शी साश्चर्यमिदमाह । अहो हिरण्यक श्लाघ्यो ऽसि । अतो ऽहमपि त्वया सह मैत्रीमिच्छामि । अतो मां मैत्र्येणानुग्रहीतुमर्हसि । एतच्छ्रुत्वा हिरण्यको ऽपि विवराभ्यंतरादाह । कस्त्वं । स ब्रूते । लघुपतनकनामा वायसो ऽहं । हिरण्यको विहस्याह । का त्वया सह मैत्री ।

यतः । यद्येन युज्यते लोके बुधस्तत्तेन योजयेत् ।
अहमन्नं भवान्भोक्ता कथं प्रीतिर्भविष्यति ॥ ५३ ॥

अपरं च । भक्ष्यभक्षकयोः प्रीतिः विपत्तेरेव कारणं ।
शृगालात्पाशबद्धो ऽसौ मृगः काकेन रक्षितः ॥ ५४ ॥

वायसो ऽब्रवीत् । कथमेतत् । हिरण्यकः कथयति । अस्ति मगधदेशे चंपकवती नामारण्यानी । तस्यां चिरान्महता स्नेहेन मृगकाकौ निवसतः ।

स च मृगः स्वेच्छया भ्राम्यन् हृष्टपुष्टाङ्गः केनचिच्छृगालेनावलोकितः । तं दृष्ट्वा शृगालो ऽचिन्तयत् । आः कथमेतन्मांसं सुललितं भक्षयामि । भवतु विश्वासं तावदुत्पादयामि । इत्यालोच्योपसृत्याब्रवीत् । मित्र कुशलं ते । मृगेणोक्तं । कस्त्वं । स ब्रूते । क्षुद्रबुद्धिनामा जंबुको ऽहं । अत्रारण्ये बंधुहीनो मृतवन्निवसामि । इदानीं त्वां मित्रमासाद्य पुनः सबंधुर्जीवलोकं प्रविष्टो ऽस्मि । अधुना तवानुचरेण मया सर्वथा भवितव्यं । मृगेणोक्तं । एवमस्तु । ततः पश्चादस्तंगते सवितरि भगवति मरीचिमालिनि तौ मृगस्य वासभूमिं गतौ । तत्र चंपकवृक्षशाखायां सुबुद्धिनामा काको मृगस्य चिरमित्रं निवसति । तौ दृष्ट्वा काको ऽवदत् । सखे चित्रांग को ऽयं द्वितीयः । मृगो ब्रूते । जंबुको ऽयमस्मत्सख्यमिच्छन्नागतः । काको ब्रूते । मित्र अकस्मादागंतुना सह मैत्री न युक्ता ।

तथा चोक्तं । अज्ञातकुलशीलस्य वासो देयो न कस्यचित् ।
मार्जारस्य हि दोषेण हतो गृध्रो जरद्गवः ॥ ५५ ॥

तावाहतुः । कथमेतत् । काकः कथयति । अस्ति भागीरथीतीरे गृध्रकूटनाम्नि पर्वते महान्पर्कटीवृक्षः । तस्य कोटरे दैवदुर्विपाकाद्गलितनखनयनो जरद्गवनामा गृध्रः प्रतिवसति । अथ कृपया तज्जीवनाय तद्वृक्षवासिनः पक्षिणः स्वाहारात्किंचित्किंचिदुद्धृत्य ददति । तेनासौ जीवति । अथ कदाचिद्दीर्घकर्णनामा मार्जारः पक्षिशावकान्भक्षितुं तत्रागतः । ततस्तमायांतं दृष्ट्वा पक्षिशावकैर्भयार्तैः कोलाहलः कृतः । तच्छ्रुत्वा जरद्गवेनोक्तं । को ऽयमायाति । दीर्घकर्णो गृध्रमवलोक्य सभयमाह । हा हतो ऽस्मि ।

यतः । तावद्भयस्य भेतव्यं यावद्भयमनागतं ।
आगतं तु भयं वीक्ष्य नरः कुर्याद्यथोचितं ॥ ५६ ॥

अधुनास्य संनिधाने पलायितुमक्षमः । तद्यथा भवितव्यं तद्भवतु । तावद्विश्वासमुत्पाद्यास्य समीपमुपगच्छामि । इत्यालोच्योपसृत्याब्रवीत् । आर्य त्वामभिवंदे । गृध्रो ऽवदत् । कस्त्वं । सो ऽवदत् । मार्जारो ऽहं । गृध्रो ब्रूते । दूरमपसर नो चेद्धंतव्यो ऽसि मया । मार्जारो ऽवदत् । श्रूयतां तावदस्मद्वचनं ततो यद्यहं वध्यस्तदा हंतव्यः ।

यतः । जातिमात्रेण किं कश्चिद्वध्यते पूज्यते क्वचित् ।
व्यवहारं परिज्ञाय वध्यः पूज्यो ऽथवा भवेत् ॥ ५७ ॥

गृध्रो ब्रूते । ब्रूहि किमर्थमागतो ऽसि । सो ऽवदत् । अहमत्र गंगातीरे

नित्यस्नायी ब्रह्मचारी चांद्रायणव्रतमाचरंस्तिष्ठामि। युष्मान्धर्मज्ञानरतान्विश्वासभूमयः पक्षिणः सर्वे सर्वदा ममाग्रे प्रस्तुवंति। अतो भवद्भ्यो विद्यावयोवृद्धेभ्यो धर्मं श्रोतुमिहागतः। भवंतश्चैतादृशा धर्मज्ञा यन्मामतिथिं हंतुमुद्यताः। गृहस्थधर्मश्चैषः।

अरावप्युचितं कार्यमातिथ्यं गृहमागते।
छेत्तुः पार्श्वगतां छायां नोपसंहरते द्रुमः ॥ ५८ ॥

यदि वा धनं नास्ति तदा प्रीतिवचसाप्यतिथिः पूज्य एव।

यतः। तृणानि भूमिरुदकं वाक् चतुर्थी च सूनृता।
एतान्यपि सतां गेहे नोच्छिद्यंते कदाचन ॥ ५९ ॥

अपरं च। निर्गुणेष्वपि सत्त्वेषु दयां कुर्वंति साधवः।
न हि संहरते ज्योत्स्नां चंद्रश्चांडालवेश्मनि ॥ ६० ॥

अन्यच्च। अतिथिर्यस्य भग्नाशो गृहात्प्रतिनिवर्तते।
स तस्मै दुष्कृतं दत्त्वा पुण्यमादाय गच्छति ॥ ६१ ॥

अन्यच्च। उत्तमस्यापि वर्णस्य नीचोऽपि गृहमागतः।
पूजनीयो यथा योग्यं सर्वदेवमयोऽतिथिः ॥ ६२ ॥

गृध्रोऽवदत्। मार्जारो हि मांसरुचिः पक्षिशावकाश्च निवसंति तेनाहमेवं ब्रवीमि। तच्छ्रुत्वा मार्जारो भूमिं स्पृष्ट्वा कर्णौ स्पृशति ब्रूते च। मया धर्मशास्त्रं श्रुत्वा वीतरागेणेदं दुष्करं व्रतं चांद्रायणमध्यवसितं। परस्परं विवदमानानामपि धर्मशास्त्राणामहिंसा परमो धर्म इत्यत्रैकमत्यं।

यतः। सर्वहिंसानिवृत्ता ये नराः सर्वसहाश्च ये।
सर्वस्याश्रयभूताश्च ते नराः स्वर्गगामिनः ॥ ६३ ॥
एक एव सुहृद्धर्मो निधनेऽप्यनुयाति यः।
शरीरेण समं नाशं सर्वमन्यत्तु गच्छति ॥ ६४ ॥
योऽत्ति यस्य यदा मांसमुभयोः पश्यतांतरं।
एकस्य क्षणिका प्रीतिरन्यः प्राणैर्विमुच्यते ॥ ६५ ॥
मर्तव्यमिति यद्दुःखं पुरुषस्योपजायते।
शक्यस्तेनानुमानेन परोऽपि परिरक्षितुं ॥ ६६ ॥

शृणु पुनः। स्वच्छंदवनजातेन शाकेनापि प्रपूर्यते।
अस्य दग्धोदरस्यार्थे कः कुर्यात्पातकं महत् ॥ ६७ ॥

एवं विश्वास्य स मार्जारस्तरुकोटरे स्थितः। ततो दिनेषु गच्छत्सु पक्षिशा-

वकानाक्रम्य कोटरमानीय प्रत्यहं खादति। येषामपत्यानि खादितानि तैः शोकार्तैर्विलपद्भिरितस्ततो जिज्ञासा समारब्धा। तत्परिज्ञाय मार्जारः कोटरान्निःसृत्य बहिः पलायितः। पश्चात्पक्षिभिरितस्ततो निरूपयद्भिस्तत्र तरुकोटरे शावकास्थीनि प्राप्तानि। अनंतरं त ऊचुः। अनेनैव जरद्गवेनास्माकं शावकाः खादिता इति सर्वैः पक्षिभिर्निश्चित्य गृध्रो व्यापादितः। अतोऽहं ब्रवीमि। अज्ञातकुलशीलस्येत्यादि। इत्याकर्ण्य स जंबुकः सकोपमाह। मृगस्य प्रथमदर्शनदिने भवानप्यज्ञातकुलशील एव। तत्कथं भवता सहैतस्य स्नेहानुवृत्तिरुत्तरोत्तरं वर्धते।

यत्र विद्वज्जनो नास्ति श्लाघ्यस्तत्राल्पधीरपि।
निरस्तपादपे देशे एरंडोऽपि द्रुमायते ॥ ६८॥

अन्यच्च। अयं निजः परो वेति गणना लघुचेतसां।
उदारचरितानां तु वसुधैव कुटुंबकं ॥ ६९॥

यथायं मृगो मम बंधुस्तथा भवानपि। मृगोऽब्रवीत्। किमनेनोत्तरोत्तरेण। सर्वैरेकत्र विश्रंभालापैः सुखिभिः स्थीयतां।

यतः। न कश्चित्कस्यचिन्मित्रं न कश्चित्कस्यचिद्रिपुः।
व्यवहारेण मित्राणि जायंते रिपवस्तथा ॥ ७०॥

काकेनोक्तं। एवमस्तु। अथ प्रातः सर्वे यथाभिमतदेशं गताः। एकदा निभृतं शृगालो ब्रूते। सखेऽस्मिन्नेकदेशे शस्यपूर्णक्षेत्रमस्ति। तदहं त्वां नीत्वा दर्शयामि। तथा कृते सति मृगः प्रत्यहं तत्र गत्वा शस्यं खादति। अथ क्षेत्रपतिना तद्दृष्ट्वा पाशो योजितः। अनंतरं पुनरागतो मृगः पाशैर्बद्धोऽचिंतयत्। को मामितः कालपाशादिव व्याधपाशात्त्रातुं मित्रादन्यः समर्थः। तत्रांतरे जंबुकस्तत्रागत्योपस्थितोऽचिंतयत्। फलिता तावदस्माकं कपटप्रबंधेन मनोरथसिद्धिः। एतस्योत्कृत्यमानस्य मांसासृग्लिप्तान्यस्थीनि मयावश्यं प्राप्तव्यानि। तानि बाहुल्येन भोजनानि भविष्यंति। मृगस्तं दृष्ट्वोल्लसितो ब्रूते। सखे छिंधि तावन्मम बंधनं। सत्वरं त्रायस्व मां।

यतः। आपत्सु मित्रं जानीयाद्युद्धे शूरं ऋणे शुचिं।
भार्यां क्षीणेषु वित्तेषु व्यसनेषु च बांधवान् ॥ ७१॥

अपरं च। उत्सवे व्यसने चैव दुर्भिक्षे राष्ट्रविप्लवे।
राजद्वारे श्मशाने च यस्तिष्ठति स बांधवः ॥ ७२॥

जंबुको मुहुर्मुहुः पाशं विलोक्याचिंतयत्। दृढस्तावदयं बंधः। ब्रूते च।

सखे स्नायुनिर्मिता एते पाशास्तदद्य भट्टारकवारे कथमेतान्दन्तैः स्पृशामि। मित्र यदि चित्ते नान्यथा मन्यसे तदा प्रभाते यत्त्वया वक्तव्यं तत्कर्तव्यं। इत्युक्त्वा तत्समीप आत्मानमाच्छाद्य स्थितः सः। अनंतरं स काकः प्रदोषकाले मृगमनागतमवलोक्येतस्ततो ऽन्विष्य तथाविधं दृष्ट्वोवाच। सखे किमेतत्। मृगेणोक्तं। अवधीरितसुहृद्वाक्यस्य फलमेतत्।

तथा चोक्तं। सुहृदां हितकामानां यः शृणोति न भाषितं।
विपत्संनिहिता तस्य स नरः शत्रुनंदनः ॥ ७३ ॥

काको ब्रूते। स वंचकः क्वास्ते। मृगेणोक्तं। मन्मांसार्थी तिष्ठत्यत्रैव। काको ब्रूते। उक्तमेव मया पूर्वं।

अपराधो न मे ऽस्तीति नैतद्विश्वासकारणं।
विद्यते हि नृशंसेभ्यो भयं गुणवतामपि ॥ ७४ ॥
दीपनिर्वाणगंधं च सुहृद्वाक्यमरुंधतीं।
न जिघ्रंति न शृण्वंति न पश्यंति गतायुषः ॥ ७५ ॥
परोक्षे कार्यहंतारं प्रत्यक्षे प्रियवादिनं।
वर्जयेत्तादृशं मित्रं विषकुंभं पयोमुखं ॥ ७६ ॥

ततः काको दीर्घं निःश्वस्य। अरे वंचक किं त्वया पापकर्मणा कृतं

यतः। संलापितानां मधुरैर्वचोभिर्मिथ्योपचारैश्च वशीकृतानां।
आशावतां श्रद्दधतां च लोके किमर्थिनां वंचयितव्यमस्ति ॥ ७७ ॥
उपकारिणि विश्रब्धे शुद्धमतौ यः समाचरति पापं।
तं जनमसत्यसंधं भगवति वसुधे कथं वहसि ॥ ७८ ॥
दुर्जनेन समं सख्यं प्रीतिं चापि न कारयेत्।
उष्णो दहति चांगारः शीतः कृष्णायते करं ॥ ७९ ॥

अथवा स्थितिरियं दुर्जनानां।

प्राक्पादयोः पतति खादति पृष्ठमांसं
कर्णे कलं किमपि रौति शनैर्विचित्रं।
छिद्रं निरूप्य सहसा प्रविशत्यशंकः
सर्वं खलस्य चरितं मशकः करोति ॥ ८० ॥
दुर्जनः प्रियवादी च नैतद्विश्वासकारणं।
मधु तिष्ठति जिह्वाग्रे हृदि हालाहलं विषं ॥ ८१ ॥

अथ प्रभाते क्षेत्रपतिर्लगुडहस्तस्तं प्रदेशमागच्छन्काकेनावलोकितः तमा-

लोक्य काकेनोक्तं । सखे मृग त्वमात्मानं मृतवत्संदर्श्य वातेनोदरं पूरयित्वा पादान्स्तब्धीकृत्य तिष्ठ । यदाहं शब्दं करोमि तदा त्वमुत्थाय सत्वरं पलायिष्यसि । मृगस्तथैव काकवचनेन स्थितः । ततः क्षेत्रपतिना हर्षोत्फुल्ललोचनेन तथाविधो मृग आलोकितः । आः स्वयं मृतोऽसि । इत्युक्त्वा मृगं बंधनान्मोचयित्वा पाशान्संवरीतुं सयत्नो बभूव । ततः काकशब्दं श्रुत्वा मृगः सत्वरमुत्थाय पलायितः । तमुद्दिश्य तेन क्षेत्रपतिना क्षिप्तेन लगुडेन शृगालो हतः । तथा चोक्तं ।

त्रिभिर्वर्षैस्त्रिभिर्मासैस्त्रिभिः पक्षैस्त्रिभिर्दिनैः ।
अत्युत्कटैः पापपुण्यैरिहैव फलमश्नुते ॥ ८२ ॥

अतोऽहं ब्रवीमि भक्ष्यभक्षकयोः प्रीतिरित्यादि । काकः पुनराह ।

भक्षितेनापि भवता नाहारो मम पुष्कलः ।
त्वयि जीवति जीवामि चित्रग्रीव इवानघ ॥ ८३ ॥

अन्यच्च । तिरश्चामपि विश्वासो दृष्टः पुण्यैककर्मणां ।
सतां हि साधुशीलत्वात्स्वभावो न निवर्तते ॥ ८४ ॥

किंच । साधोः प्रकोपितस्यापि मनो नायाति विक्रियां ।
न हि तापयितुं शक्यं सागराम्भस्तृणोल्कया ॥ ८५ ॥

हिरण्यको ब्रूते । चपलस्त्वं चपलेन सह स्नेहः सर्वथा न कर्तव्यः ।
तथा चोक्तं । मार्जारो महिषो मेषः काकः कापुरुषस्तथा ।
विश्वासात्प्रभवन्त्येते विश्वासस्तत्र नोचितः ॥ ८६ ॥

किंचान्यत् । शत्रुपक्षो भवानस्माकं । उक्तं चैतत् ।

शत्रुणा न हि संदध्यात्सुश्लिष्टेनापि संधिना ।
सुतप्तमपि पानीयं शमयत्येव पावकं ॥ ८७ ॥
दुर्जनः परिहर्तव्यो विद्ययालंकृतोऽपि सन् ।
मणिना भूषितः सर्पः किमसौ न भयंकरः ॥ ८८ ॥
यदशक्यं न तच्छक्यं यच्छक्यं शक्यमेव तत् ।
नोदके शकटं याति न च नौर्गच्छति स्थले ॥ ८९ ॥

अपरं च । महताप्यर्थसारेण यो विश्वसिति शत्रुषु ।
भार्यासु च विरक्तासु तदन्तं तस्य जीवनं ॥ ९० ॥

लघुपतनको ब्रूते । श्रुतं मया सर्वं । तथापि मम चैतावान्संकल्पस्त्वया सह सौहृद्यमवश्यं करणीयमिति । नो चेदनाहारेणात्मानं व्यापादयिष्यामि ।

तथा हि । मृद्घटवत्सुखभेद्यो दुःसंधानश्च दुर्जनो भवति ।
सुजनस्तु कनकघटवद्दुर्भेद्यश्चाशुसंधेयः ॥ ८१ ॥

किंच । द्रवत्वात्सर्वलोहानां निमित्तान्मृगपक्षिणां ।
भयाल्लोभाच्च मूर्खाणां संगतं दर्शनात्सतां ॥ ८२ ॥

किंच । नारिकेलसमाकारा दृश्यंतेऽपि हि सज्जनाः ।
अन्ये बदरिकाकारा बहिरेव मनोहराः ॥ ८३ ॥
स्नेहच्छेदेऽपि साधूनां गुणा नायांति विक्रियां ।
भंगेऽपि हि मृणालानामनुबध्नंति तंतवः ॥ ८४ ॥

अन्यच्च । शुचित्वं त्यागिता शौर्यं सामान्यं सुखदुःखयोः ।
दाक्षिण्यं चानुरक्तिश्च सत्यता च सुहृद्गुणाः ॥ ८५ ॥

एतैर्गुणैरुपेतो भवदन्यो मया कः सुहृत्प्राप्तव्यः । इत्यादि तद्वचनमाकर्ण्य हिरण्यको बहिर्निःसृत्याह । आप्यायितोऽहं भवतामनेन वचनामृतेन ।

तथा चोक्तं । घर्मार्तं न तथा सुशीतलजलैः स्नानं न मुक्तावली
न श्रीखंडविलेपनं सुखयति प्रत्यंगमप्यर्पितं ।
प्रीत्यै सज्जनभाषितं प्रभवति प्रायो यथा चेतसः
सद्युक्त्या च पुरस्कृतं सुकृतिनामाकृष्टिमंत्रोपमं ॥ ८६ ॥

अन्यच्च । रहस्यभेदो याञ्चा च नैष्ठुर्यं चलचित्तता ।
क्रोधो निःसत्यता द्यूतमेतन्मित्रस्य दूषणं ॥ ८७ ॥

अनेन वचनक्रमेण तदेकदूषणमपि त्वयि न लक्ष्यते ॥

यतः । पटुत्वं सत्यवादित्वं कथायोगेन बुध्यते ।
अस्तब्धत्वमचापल्यं प्रत्यक्षेणावगम्यते ॥ ८८ ॥

अपरं च । अन्यथैव हि सौहार्दं भवेत्स्वच्छांतरात्मनः ।
प्रवर्ततेऽन्यथा वाणी शाठ्योपहतचेतसः ॥ ८९ ॥
मनस्यन्यद्वचस्यन्यत्कार्यमन्यद्दुरात्मनां ।
मनस्येकं वचस्येकं कर्मण्येकं महात्मनां ॥ ९० ॥

तद्भवतु भवतोऽभिमतमेव । इत्युक्त्वा हिरण्यको मैत्र्यं विधाय भोजनविशेषैर्वायसं संतोष्य विवरं प्रविष्टः । वायसोऽपि स्वस्थानं गतः । ततः प्रभृति तयोरन्योन्याहारप्रदानेन कुशलप्रश्नैर्विस्रंभालापैश्च कालोऽतिवर्तते । एकदा लघुपतनको हिरण्यकमाह । सखे कष्टतरलभ्याहारमिदं स्थानं परित्यज्य स्थानांतरं गंतुमिच्छामि । हिरण्यको ब्रूते । मित्र क्व गंतव्यं ।

तथा चोक्तं। चलत्येकेन पादेन तिष्ठत्येकेन बुद्धिमान्।

नासमीक्ष्य परं स्थानं पूर्वमायतनं त्यजेत् ॥ १०१ ॥

वायसो ब्रूते। अस्ति सुनिरूपितं स्थानं। हिरण्यकोऽवदत्। किं तत्। वायसो ब्रूते। अस्ति दण्डकारण्ये कर्पूरगौराभिधानं सरः। तत्र चिरकालोपार्जितः प्रियसुहृन्मे मंथराभिधानः कच्छपो धार्मिकः प्रतिवसति।

यतः। परोपदेशे पांडित्यं सर्वेषां सुकरं नृणां।

धर्मे स्वीयमनुष्ठानं कस्यचित्तु महात्मनः ॥ १०२ ॥

स च भोजनविशेषैर्मां संवर्धयिष्यति। हिरण्यकोऽप्याह। तत्किमत्रावस्थाय मया कर्तव्यं।

यतः। यस्मिन्देशे न संमानो न वृत्तिर्न च बांधवः।

न च विद्यागमः कश्चित्तं देशं परिवर्जयेत् ॥ १०३ ॥

अपरं च। लोकयात्राभयं लज्जा दाक्षिण्यं त्यागशीलता।

पंच यत्र न विद्यंते न कुर्यात्तत्र संस्थितिं ॥ १०४ ॥

तत्र मित्र न वस्तव्यं यत्र नास्ति चतुष्टयं।

ऋणदाता च वैद्यश्च श्रोत्रियः सजला नदी ॥ १०५ ॥

ततो मामपि तत्र नय। अथ वायसस्तेन मित्रेण सह विचित्रालापैः सुखेन तस्य सरसः समीपं ययौ। ततो मंथरो दूरादवलोक्य लघुपतनकस्य यथोचितमातिथ्यं विधाय मूषिकस्यातिथिसत्कारं चकार।

यतः। बालो वा यदि वा वृद्धो युवा वा गृहमागतः।

तस्य पूजा विधातव्या सर्वस्याभ्यागतो गुरुः ॥ १०६ ॥

गुरुरग्निर्द्विजातीनां वर्णानां ब्राह्मणो गुरुः।

पतिरेको गुरुः स्त्रीणां सर्वस्याभ्यागतो गुरुः ॥ १०७ ॥

वायसोऽवदत्। सखे मंथर सविशेषपूजामस्मै विधेहि यतोऽयं पुण्यकर्मणां धुरीणः कारुण्यरत्नाकरो हिरण्यकनामा मूषिकराजः। एतस्य गुणस्तुतिं जिह्वासहस्रद्वयेनापि सर्पराजो न कदाचित्कथयितुं समर्थः स्यात्। इत्युक्त्वा चित्रग्रीवोपाख्यानं वर्णितवान्। मंथरः सादरं हिरण्यकं संपूज्याह। भद्रात्मनो निर्जनवनागमनकारणमाख्यातुमर्हसि। हिरण्यकोऽवदत्। कथयामि। श्रूयतां। अस्ति चंपकाभिधानायां नगर्यां परिव्राजकावसथः। तत्र चूडाकर्णो नाम परिव्राट् प्रतिवसति। स च भोजनावशिष्टभिक्षान्नसहितं भिक्षापात्रं नागदंतकेऽवस्थाप्य स्वपिति। अहं च तदन्नमुत्प्लुत्य प्रत्यहं भक्षयामि।

अनंतरं तस्य प्रियसुहृद्वीणाकर्णो नाम परिव्राजकः समायातः । तेन सह कथाप्रसंगावस्थितो मम चाधार्थं जर्जरवंशखंडेन चूडाकर्णो भूमिमताडयत् । वीणाकर्ण उवाच । सखे किमिति मम कथाविरक्तो ऽन्यासक्तो भवान् । चूडाकर्णेनोक्तं । मित्र नाहं विरक्तः किंतु पश्यायं मूषिको ममापकारी सदा पात्रस्थं भिक्षान्नमुत्प्लुत्य भक्षयति । वीणाकर्णो नागदंतकं विलोक्याह । कथं मूषिकः स्वल्पबलो ऽप्येतावद्दूरमुत्पतति । तदत्र केनापि कारणेन भवितव्यं । तथा चोक्तं । अकस्माद्युवती वृद्धं केशेष्वाकृष्य चुंबति ।

पतिं निर्दयमालिंग्य हेतुरत्र भविष्यति ॥ १०८ ॥

चूडाकर्णः पृच्छति । कथमेतत् । वीणाकर्णः कथयति । अस्ति गौडीये कौशांबी नाम नगरी । तस्यां चंदनदासनामा वणिग्महाधनो निवसति । तेन पश्चिमे वयसि वर्तमानेन कामाधिष्ठितचेतसा धनदर्पाल्लीलावती नाम वणिक्पुत्री परिणीता । सा च मकरकेतोर्विजयवैजयंतीव यौवनवती बभूव । स च वृद्धपतिस्तस्याः संतोषाय नाभवत् ।

यतः । शशिनीव हिमार्तानां घर्मार्तानां रवाविव ।
मनो न रमते स्त्रीणां जराजीर्णेंद्रिये पतौ ॥ १०९ ॥

अन्यच्च । पलितेष्वपि दृष्टेषु पुंसः का नाम कामिता ।
भैषज्यमिव मन्यंते यदन्यमनसः स्त्रियः ॥ ११० ॥

स च वृद्धपतिस्तस्यामतीवानुरागवान् ।

यतः । धनाशा जीविताशा च गुर्वी प्राणभृतां सदा ।
वृद्धस्य तरुणी भार्या प्राणेभ्यो ऽपि गरीयसी ॥ १११ ॥
नोपभोक्तुं न च त्यक्तुं शक्नोति विषयाञ्जरी ।
अस्थि निर्दशनः श्वेव जिह्वया लेढि केवलं ॥ ११२ ॥

अथ सा लीलावती यौवनदर्पादतिक्रांतकुलमर्यादा केनापि वणिक्पुत्रेण सहानुरागवती बभूव ॥

यतः । स्वातंत्र्यं पितृमंदिरे निवसतिर्यात्रोत्सवे संगतिः
गोष्ठीपूरुषसंनिधावनियमो वासो विदेशे तथा ।
संसर्गः सह पुंश्चलीभिरसकृद्वृत्तेर्निजायाः क्षतिः
पत्युर्वार्धकमीर्षितं प्रवसनं नाशस्य हेतुः स्त्रियाः ॥ ११३ ॥

अपरं च । पानं दुर्जनसंसर्गः पत्या च विरहो ऽटनं ।
स्वप्नश्चान्यगृहे वासो नारीणां दूषणानि षट् ॥ ११४ ॥

स्थानं नास्ति क्षणं नास्ति नास्ति प्रार्थयिता नरः ।
तेन नारद नारीणां सतीत्वमुपजायते ॥ ११५ ॥
न स्त्रीणामप्रियः कश्चित्प्रियो वापि न विद्यते ।
गावस्तृणमिवारण्ये प्रार्थयंति नवं नवं ॥ ११६ ॥

अपरं च । घृतकुंभसमा नारी तप्तांगारसमः पुमान् ।
तस्माद्घृतं च वह्निं च नैकत्र स्थापयेद्बुधः ॥ ११७ ॥
न लज्जा न विनीतत्वं न दाक्षिण्यं न भीरुता ।
प्रार्थनाभाव एवैकं सतीत्वे कारणं स्त्रियाः ॥ ११८ ॥
पिता रक्षति कौमारे भर्ता रक्षति यौवने ।
पुत्रश्च स्थाविरे भावे न स्त्री स्वातंत्र्यमर्हति ॥ ११९ ॥

एकदा सा लीलावती रत्नावलीकिरणकर्बुरे पर्यंके तेन वणिक्पुत्रेण सह विस्रंभालापैः सुखासीना तमलक्षितोपस्थितं पतिमवलोक्य सहसोत्थाय केशेष्वाकृष्य गाढमालिंग्य चुंबितवती । तेनावसरेण जारश्च पलायितः ।

उक्तं च । उशना वेद यच्छास्त्रं यच्च वेद बृहस्पतिः ।
स्वभावेनैव तच्छास्त्रं स्त्रीबुद्धौ सुप्रतिष्ठितं ॥ १२० ॥

तदालिंगनमवलोक्य समीपवर्तिनी कुट्टन्यचिंतयत् । अकस्मादियमेनमुपगूढवतीति । ततस्तया कुट्टन्या तत्कारणं परिज्ञाय सा लीलावती गुप्तेन दंडिता । अतोऽहं ब्रवीमि । अकस्माद्युवती वृद्धमित्यादि । मूषिकबलोपष्टंभेन केनापि कारणेनात्र भवितव्यं । क्षणं विचिंत्य परिव्राजकेनोक्तं । कारणं चात्र धनबाहुल्यमेव भविष्यति ।

यतः । धनवान्बलवांल्लोके सर्वः सर्वत्र सर्वदा ।
प्रभुत्वं धनमूलं हि राज्ञामप्युपजायते ॥ १२१ ॥

ततः खनित्रमादाय तेन विवरं खनित्वा चिरसंचितं मम धनं गृहीतं । ततः प्रभृति निजशक्तिहीनः सत्त्वोत्साहरहितः स्वाहारमप्युत्पादयितुमक्षमः सत्रासं मंदं मंदमुपसर्पंश्चूडाकर्णेनावलोकितः । ततस्तेनोक्तं ।

धनेन बलवांल्लोको धनाद्भवति पंडितः ।
पश्यैनं मूषिकं पापं स्वजातिसमतां गतं ॥ १२२ ॥

किंच । अर्थेन तु विहीनस्य पुरुषस्याल्पमेधसः ।
क्रियाः सर्वा विनश्यंति ग्रीष्मे कुसरितो यथा ॥ १२३ ॥

अपरं च । यस्यार्थास्तस्य मित्राणि यस्यार्थास्तस्य बांधवाः ।

यस्यार्थाः स पुमांल्लोके यस्यार्थाः स हि पंडितः ॥ १२४ ॥

अन्यच्च । अपुत्रस्य गृहं शून्यं सन्मित्ररहितस्य च ।
मूर्खस्य च दिशः शून्याः सर्वशून्या दरिद्रता ॥ १२५ ॥

अपरं च । तानींद्रियाण्यविकलानि तदेव नाम
सा बुद्धिरप्रतिहता वचनं तदेव ।
अर्थोष्मणा विरहितः पुरुषः स एव
अन्यः क्षणेन भवतीति विचित्रमेतत् ॥ १२६ ॥

एतत्सर्वमाकर्ण्य मयालोचितं । ममात्रावस्थानमयुक्तमिदानीं । यच्चान्यस्मा एतद्वृत्तांतकथनं तदप्यनुचितं ।

यतः । अर्थनाशं मनस्तापं गृहे दुश्चरितानि च ।
वंचनं चापमानं च मतिमान्न प्रकाशयेत् ॥ १२७ ॥

अपि च । आयुर्वित्तं गृहच्छिद्रं मंत्रमैथुनभेषजं ।
तपोदानापमानं च नव गोप्यानि यत्नतः ॥ १२८ ॥

तथा चोक्तं । अत्यंतविमुखे दैवे व्यर्थे यत्ने च पौरुषे ।
मनस्विनो दरिद्रस्य वनादन्यत्कुतः सुखं ॥ १२९ ॥

अन्यच्च । मनस्वी म्रियते कामं कार्पण्यं न तु गच्छति ।
अपि निर्वाणमायाति नानलो याति शीततां ॥ १३० ॥

किंच । कुसुमस्तबकस्येव द्वे वृत्ती तु मनस्विनः ।
सर्वेषां मूर्ध्नि वा तिष्ठेद्विशीर्येदथवा वने ॥ १३१ ॥

यच्चात्रैव याच्ञया जीवनं तदतीव गर्हितं ।

यतः । वरं विभवहीनेन प्राणैः संतर्पितोऽनलः ।
नोपचारपरिभ्रष्टः कृपणः प्रार्थितो जनः ॥ १३२ ॥
दारिद्र्याद्ध्रियमेति ह्रीपरिगतः सत्त्वात्परिभ्रश्यते
निःसत्त्वः परिभूयते परिभवान्निर्वेदमापद्यते ।
निर्विण्णः शुचमेति शोकनिहतो बुद्ध्या परित्यज्यते
निर्बुद्धिः क्षयमेत्यहो निधनता सर्वापदामास्पदं ॥ १३३ ॥

किंच । वरं मौनं कार्यं न च वचनमुक्तं यदनृतं
वरं क्लैब्यं पुंसां न च परकलत्राभिगमनं ।
वरं प्राणत्यागो न च पिशुनवाक्येष्वभिरुचिः
वरं भिक्षाशित्वं न च परधनास्वादनसुखं ॥ १३४ ॥

वरं शून्या शाला न च खलु वरो दुष्टवृषभः

वरं वेश्या पत्नी न पुनरविनीता कुलवधूः ।

वरं वासो ऽरण्ये न पुनरविवेकाधिपपुरे

वरं प्राणत्यागो न पुनरधमानामुपगमः ॥ १३५ ॥

अपि च । सेवेव मानमखिलं ज्योत्स्नेव तमो जरेव लावण्यं ।

हरिहरकथेव दुरितं गुणशतमप्यर्थिता हरति ॥ १३६ ॥

इति विमृश्य तत्किमहं परपिंडेनात्मानं पोषयामि । कष्टं भोः । तदपि द्वितीयं मृत्युद्वारं ।

यतः । पल्लवग्राहि पांडित्यं क्रयक्रीतं च मैथुनं ।

भोजनं च पराधीनं तिस्रः पुंसां विडंबनाः ॥ १३७ ॥

रोगी चिरप्रवासी परान्नभोजी परावसथशायी ।

यज्जीवति तन्मरणं यन्मरणं सो ऽस्य विश्रामः ॥ १३८ ॥

इत्यालोच्यापि लोभात्पुनरप्यर्थं ग्रहीतुं ग्रहमकरवं ।

तथा चोक्तं । लोभेन बुद्धिश्चलति लोभो जनयते तृषां ।

तृषार्तो दुःखमाप्नोति परत्रेह च मानवः ॥ १३९ ॥

ततो ऽहं मंदं मंदमुपसर्पंस्तेन वीणाकर्णेन जर्जरवंशखंडेन ताडितश्चाचिंतयं ।

धनलुब्धो ह्यसंतुष्टो ऽनियतात्माजितेंद्रियः ।

सर्वा एवापदस्तस्य यस्य तुष्टं न मानसं ॥ १४० ॥

तथा च । सर्वाः संपत्तयस्तस्य संतुष्टं यस्य मानसं ।

उपानद्गूढपादस्य ननु चर्मावृतेव भूः ॥ १४१ ॥

अपरं च । संतोषामृततृप्तानां यत्सुखं शांतचेतसां ।

कुतस्तद्धनलुब्धानामितश्चेतश्च धावतां ॥ १४२ ॥

किंच । तेनाधीतं श्रुतं तेन तेन सर्वमनुष्ठितं ।

येनाशाः पृष्ठतः कृत्वा नैराश्यमवलंबितं ॥ १४३ ॥

अपि च । असेवितेश्वरद्वारमदृष्टविरहव्यथं ।

अनुक्तक्लीबवचनं धन्यं कस्यापि जीवनं ॥ १४४ ॥

यतः । न योजनशतं दूरं बाध्यमानस्य तृष्णया ।

संतुष्टस्य करप्राप्ते ऽप्यर्थे भवति नादरः ॥ १४५ ॥

तदत्रावस्थोचितकार्यपरिच्छेदः श्रेयान् ।

को धर्मो भूतदया किं सौख्यमरोगिता जगति जंतोः ।
कः स्नेहः सद्भावः किं पांडित्यं परिच्छेदः ॥ १४६ ॥

तथा च । परिच्छेदो हि पांडित्यं यदापन्ना विपत्तयः ।
अपरिच्छेदकर्तॄणां विपदः स्युः पदे पदे ॥ १४७ ॥
त्यजेदेकं कुलस्यार्थे ग्रामस्यार्थे कुलं त्यजेत् ।
ग्रामं जनपदस्यार्थे स्वात्मार्थे पृथिवीं त्यजेत् ॥ १४८ ॥

अपरं च । पानीयं वा निरायासं स्वाद्वन्नं वा भयोत्तरं ।
विचार्य खलु पश्यामि तत्सुखं यत्र निर्वृतिः ॥ १४९ ॥

इत्यालोच्याहं निर्जनवनमागतः ।

यतः । वरं वनं व्याघ्रगजेंद्रसेवितं द्रुमालयः पक्वफलांबुभोजनं ।
तृणानि शय्या परिधानवल्कलं न बंधुमध्ये धनहीनजीवनं ॥ १५० ॥

ततोऽस्मत्पुण्योदयादनेन मित्रेणाहं स्नेहानुवृत्त्यानुगृहीतः । अधुना च पुण्यपरंपरया भवदाश्रयः स्वर्ग एव मया प्राप्तः ।

यतः । संसारविषवृक्षस्य द्वे अत्र रसवत्फले ।
काव्यामृतरसास्वादः संगमः सुजनैः सह ॥ १५१ ॥

मंथर उवाच । अर्थाः पादरजोपमा गिरिनदीवेगोपमं यौवनं
आयुष्यं जलबिंदुलोलचपलं फेनोपमं जीवितं ।
धर्मं यो न करोति निंदितमतिः स्वर्गार्गलोद्घाटनं
पश्चात्तापयुतो जरापरिगतः शोकाग्निना दह्यते ॥ १५२ ॥

युष्माभिरतिसंचयः कृतः । तस्यायं दोषः ।

शृणु । उपार्जितानां वित्तानां त्याग एव हि रक्षणं ।
तडागोदरसंस्थानां परीवाह इवांभसां ॥ १५३ ॥

अन्यच्च । यदधोऽधः क्षितौ वित्तं निचखान मितंपचः ।
तदधोनिलयं गंतुं चक्रे पंथानमग्रतः ॥ १५४ ॥

अन्यच्च । निजसौख्यं निरुंधानो यो धनार्जनमिच्छति ।
परार्थे भारवाहीव क्लेशस्यैव हि भाजनं ॥ १५५ ॥

अपरं च । दानोपभोगहीनेन धनेन धनिनो यदि ।
भूमौखातनिखातेन धनेन धनिनो वयं ॥ १५६ ॥

अन्यच्च । असंभोगेन सामान्यं कृपणस्य धनं परैः ।
अस्येदमिति संबंधो हानौ दुःखेन गम्यते ॥ १५७ ॥

दानं प्रियवाक्सहितं ज्ञानमगर्वं क्षमान्वितं शौर्यं ।
वित्तं त्यागनियुक्तं दुर्लभमेतच्चतुर्भद्रं ॥ १५८ ॥

उक्तं च । कर्तव्यः संचयो नित्यं कर्तव्यो नातिसंचयः ।
पश्य संचयशीलोऽसौ धनुषा जंबुको हतः ॥ १५९ ॥

तावाहतुः । कथमेतत् । मंथरः कथयति । आसीत्कल्याणकटकवास्तव्यो भैरवो नाम व्याधः । स चैकदा मृगमन्विष्यमाणो विंध्याटवीं गतवान् । ततस्तेन व्यापादितं मृगमादाय गच्छता घोराकृतिः शूकरो दृष्टः । तेन व्याधेन मृगं भूमौ निधाय शूकरः शरेणाहतः । शूकरेणापि घनघोरगर्जनं कृत्वा स व्याधो मुष्कदेशे हतः छिन्नद्रुम इव भूमौ निपपात ।

यतः । जलमग्निं विषं शस्त्रं क्षुद्व्याधी पतनं गिरेः ।
निमित्तं किंचिदासाद्य देही प्राणैर्विमुच्यते ॥ १६० ॥

अथ तयोः पादास्फालनेन सर्पोऽपि मृतः । अथानंतरं दीर्घरावो नाम जंबुकः परिभ्रमन्नाहारार्थी तान्मृतान्मृगव्याधसर्पशूकरानपश्यदचिंतयच्च । अहो अद्य महद्भोज्यं मे समुपस्थितं ।

अथवा । अचिंतितानि दुःखानि यथैवायांति देहिनां ।
सुखान्यपि तथा मन्ये दैवमत्रातिरिच्यते ॥ १६१ ॥

तद्भवतु । एषां मांसैर्मासत्रयं मे सुखेन गमिष्यति ।

मासमेकं नरो याति द्वौ मासौ मृगशूकरौ ।
अहिरेकं दिनं याति अद्य भक्ष्यो धनुर्गुणः ॥ १६२ ॥

ततः प्रथमबुभुक्षायामिदं निःस्वादु कोदंडलग्नं स्नायुबंधनं खादामि । इत्युक्त्वा तथा कृते सति छिन्ने स्नायुबंधन उत्पतितेन धनुषा हृदि निर्भिन्नः स दीर्घरावः पंचत्वमागतः । अतोऽहं ब्रवीमि कर्तव्यः संचयो नित्यमित्यादि ।

तथा च । यद्ददाति यदश्नाति तदेव धनिनो धनं ।
अन्ये मृतस्य क्रीडंति दारैरपि धनैरपि ॥ १६३ ॥

किंच । यद्ददासि विशिष्टेभ्यो यच्चाश्नासि दिने दिने ।
तत्ते वित्तमहं मन्ये शेषं कस्यापि रक्षसि ॥ १६४ ॥

यातु । किमिदानीमतिक्रांतोपवर्णनेन ।

यतः । नाप्राप्यमभिवांछंति नष्टं नेच्छंति शोचितुं ।
आपत्स्वपि न मुह्यंति नराः पंडितबुद्धयः ॥ १६५ ॥

तत्सखे सर्वदा त्वया सोत्साहेन भवितव्यं ।

यतः । शास्त्राण्यधीत्यापि भवंति मूर्खाः यस्तु क्रियावान्पुरुषः स विद्वान् ।
सुचिंतितं चौषधमातुराणां न नाममात्रेण करोत्यरोगं ॥ १६६ ॥

अन्यच्च । न स्वल्पमप्यध्यवसायभीरोः करोति विज्ञानविधिर्गुणं हि ।
अंधस्य किं हस्ततलस्थितोऽपि प्रकाशयत्यर्थमिह प्रदीपः ॥ १६७ ॥

तदत्र सखे दशाविशेषे शांतिः करणीया । एतदप्यतिकष्टं त्वया न मंतव्यं ।

यतः । राजा कुलवधूर्विप्रा मंत्रिणश्च पयोधराः ।
स्थानभ्रष्टा न शोभंते दंताः केशा नखा नराः ॥ १६८ ॥

इति विज्ञाय मतिमान्स्वस्थानं न परित्यजेत् । कापुरुषवचनमेतत् ।

यतः । स्थानमुत्सृज्य गच्छंति सिंहाः सत्पुरुषा गजाः ।
तत्रैव निधनं यांति काकाः कापुरुषा मृगाः ॥ १६९ ॥
को वीरस्य मनस्विनः स्वविषयः को वा विदेशस्तथा
यं देशं श्रयते तमेव कुरुते बाहुप्रतापार्जितं ।
यद्दंष्ट्रानखलांगूलप्रहारैः सिंहो वनं गाहते
तस्मिन्नेव हतद्विपेंद्ररुधिरैस्तृष्णां छिनत्त्यात्मनः ॥ १७० ॥

अपरं च । निपानमिव मंडूकाः सरः पूर्णमिवांडजाः ।
सोद्योगं नरमायांति विवशाः सर्वसंपदः ॥ १७१ ॥

अन्यच्च । सुखमापतितं सेवेद्दुःखमापतितं तथा ।
चक्रवत्परिवर्तंते दुःखानि च सुखानि च ॥ १७२ ॥

अन्यच्च । उत्साहसंपन्नमदीर्घसूत्रं क्रियाविधिज्ञं व्यसनेष्वसक्तं ।
शूरं कृतज्ञं दृढसौहृदं च लक्ष्मीः स्वयं याति निवासहेतोः ॥ १७३ ॥

विशेषतश्च । विनाप्यर्थैर्वीरः स्पृशति बहुमानोन्नतिपदं
समायुक्तोऽप्यर्थैः परिभवपदं याति कृपणः ।
स्वभावादुद्भूतां गुणसमुदयावाप्तिविषयां
द्युतिं सैंहीं किं श्वा धृतकनकमालोऽपि लभते ॥ १७४ ॥
धनवानिति हि मदो मे किं गतविभवो विषादमुपयामि ।
करनिहतकंदुकसमाः पातोत्पाता मनुष्याणां ॥ १७५ ॥

अपरं च । अभ्रच्छाया खलप्रीतिर्नवसस्यानि योषितः ।
किंचित्कालोपभोग्यानि यौवनानि धनानि च ॥ १७६ ॥
वृत्त्यर्थं नातिचेष्टेत सा हि धात्रैव निर्मिता ।
गर्भादुत्पतिते जंतौ मातुः प्रस्रवतः स्तनौ ॥ १७७ ॥

अपि च सखे। येन शुक्लीकृता हंसाः शुकाश्च हरितीकृताः।
मयूराश्चित्रिता येन स ते वृत्तिं विधास्यति ॥ १७८ ॥

अपरं च। सतां रहस्यं शृणु मित्र।
जनयंत्यर्जने दुःखं तापयंति विपत्तिषु।
मोहयंति च संपत्तौ कथमर्थाः सुखावहाः ॥ १७९ ॥

अपरं च। धर्मार्थं यस्य वित्तेहा वरं तस्य निरीहता।
प्रक्षालनाद्धि पंकस्य दूरादस्पर्शनं वरं ॥ १८० ॥

यतः। यथा ह्यामिषमाकाशे पक्षिभिः श्वापदैर्भुवि।
भक्ष्यते सलिले नक्रैस्तथा सर्वत्र वित्तवान् ॥ १८१ ॥
राजतः सलिलादग्नेश्चोरतः स्वजनादपि।
भयमर्थवतां नित्यं मृत्योः प्राणभृतामिव ॥ १८२ ॥

तथा हि। जन्मनि क्लेशबहुले किं नु दुःखमतः परं।
इच्छासंपद्यतो नास्ति यच्चेच्छा न निवर्तते ॥ १८३ ॥

अन्यच्च भ्रातः शृणु।
धनं तावदसुलभं लब्धं कृच्छ्रेण रक्ष्यते।
लब्धनाशो यथा मृत्युस्तस्मादेतन्न चिंतयेत् ॥ १८४ ॥
तृष्णां चेह परित्यज्य को दरिद्रः क ईश्वरः।
तस्याश्चेत्प्रसरो दत्तो दास्यं च शिरसि स्थितं ॥ १८५ ॥

अपरं च। यद्यदेव हि वांछेत ततो वांछा प्रवर्तते।
प्राप्त एवार्थतः सोऽर्थो यतो वांछा निवर्तते ॥ १८६ ॥

किं बहुना मम पक्षपातेन। मयैव सहात्र कालो नीयतां।

यतः। आमरणांताः प्रणयाः कोपास्तत्क्षणभंगुराः।
परित्यागाश्च निःसंगा भवंति हि महात्मनां ॥ १८७ ॥

इति श्रुत्वा लघुपतनको ब्रूते। धन्योऽसि मंथर सर्वथा श्लाघ्यगुणोऽसि।

यतः। संत एव सतां नित्यमापदुद्धरणक्षमाः।
गजानां पंकमग्नानां गजा एव धुरंधराः ॥ १८८ ॥
श्लाघ्यः स एको भुवि मानवानां स उत्तमः सत्पुरुषः स धन्यः।
यस्यार्थिनो वा शरणागता वा नाशाविभंगा विमुखाः प्रयांति ॥ १८९ ॥

तदेवं ते स्वेच्छाहारविहारं कुर्वाणाः संतुष्टाः सुखं निवसंति। अथ कदाचिच्चित्रांगनामा मृगः केनापि त्रासितस्तत्रागत्य मिलितः। ततः पश्चादायांतं

मृगमवलोक्य भयं संचिंत्य मंथरो जलं प्रविष्टो मूषिकश्च विवरं गतः काकोऽप्युड्डीय वृक्षमारूढः। ततो लघुपतनकेन सुदूरं निरूप्य भयहेतुर्न कोऽप्यायातीत्यालोचितं। पश्चात्तद्वचनादागत्य पुनः सर्वे मिलित्वा तत्रैवोपविष्टाः। मंथरेणोक्तं। भद्र मृग स्वागतं। स्वेच्छयोदकाद्याहारोऽनुभूयतां। अत्रावस्थानेन वनमिदं सनाथीक्रियतां। चित्रांगो ब्रूते। लुब्धकत्रासितोऽहं भवतां शरणमागतः। भवद्भिः सह सख्यमिच्छामि। हिरण्यकोऽवदत्। मित्रत्वं तावदस्माभिः सह भवतायत्नेन मिलितं।

यतः। औरसं कृतसंबंधं तथा वंशक्रमागतं।
रक्षितं व्यसनेभ्यश्च मित्रं ज्ञेयं चतुर्विधं ॥ १८० ॥

तदत्र भवता स्वगृहनिर्विशेषं स्थीयतां। तच्छ्रुत्वा मृगः सानंदो भूत्वा स्वेच्छाहारं कृत्वा पानीयं पीत्वा जलासन्नवटच्छायायामुपविष्टः। अथ मंथरेणोक्तं। सखे मृग एतस्मिन्निर्जने वने केन त्रासितोऽसि। कदाचित्किं व्याधाः संचरंति। मृगेणोक्तं। अस्ति कलिंगविषये रुक्मांगदो नाम नरपतिः। स च दिग्विजयव्यापारक्रमेणागत्य चंद्रभागानदीतीरे समावासितकटको वर्तते। प्रातश्च तेनात्रागत्य कर्पूरसरःसमीपे भवितव्यमिति व्याधानां मुखात्किंवदंती श्रूयते। तदत्रापि प्रातरवस्थानं भयहेतुकमित्यालोच्य यथावसरकार्यमारभ्यतां। तच्छ्रुत्वा कूर्मः सभयमाह। जलाशयांतरं गच्छामि। काकमृगावप्युक्तवंतौ। एवमस्तु। ततो हिरण्यको विहस्याह। जलाशयांतरे प्राप्ते मंथरस्य कुशलं स्थले गच्छतः कः प्रतीकारः।

यतः। अंभांसि जलजंतूनां दुर्गं दुर्गनिवासिनां।
स्वभूमिः श्वापदादीनां राज्ञां मंत्री परं बलं ॥ १८१ ॥

सखे लघुपतनक अनेनोपदेशेन तथा भवितव्यं

स्वयं वीक्ष्य यथा वध्वाः पीडितं कुचकुड्मलं।
वणिक्पुत्रोऽभवद्दुःखी त्वं तथैव भविष्यसि ॥ १८२ ॥

त ऊचुः। कथमेतत्। हिरण्यकः कथयति। अस्ति कान्यकुब्जविषये वीरसेनो नाम राजा। तेन वीरपुरनाम्नि नगरे तुंगबलो नाम राजपुत्रो भोगपतिः कृतः। स च महाधनस्तरुण एकदा स्वनगरे भ्राम्यन्नतिप्रौढयौवनां लावण्यवतीं नाम वणिक्पुत्रवधूमालोकयामास। ततः स्वहर्म्यं गत्वा स्मराकुलमतिस्तस्याः कृते दूतीं प्रेषितवान्।

यतः। सन्मार्गे तावदास्ते प्रभवति पुरुषस्तावदेवेंद्रियाणां

लज्जां तावद्विधत्ते विनयमपि समालंबते तावदेव ।
भ्रूचापाकृष्टमुक्ताः श्रवणपथगता नीलपक्ष्माण एते
यावल्लीलावतीनां न हृदि धृतिमुषो दृष्टिबाणाः पतंति ॥१८३॥

सापि लावण्यवती तदवलोकनक्षणात्प्रभृति स्मरशरप्रहारजर्जरितहृदया तदेकचित्ताभवत् ।

तथा ह्युक्तं । असत्यं साहसं माया मात्सर्यं चातिलुब्धता ।
निर्गुणत्वमशौचत्वं स्त्रीणां दोषाः स्वभावजाः ॥ १८४ ॥

अथ दूतीवचनं श्रुत्वा लावण्यवत्युवाच । अहं पतिव्रता कथमेतस्मिन्नधर्मे पतिलंघने प्रवर्ते ।

यतः । सा भार्या या गृहे दक्षा सा भार्या या प्रजावती ।
सा भार्या या पतिप्राणा सा भार्या या पतिव्रता ॥ १८५ ॥
न सा भार्येति वक्तव्या यस्यां भर्ता न तुष्यति ।
तुष्टे भर्तरि नारीणां संतुष्टाः सर्वदेवताः ॥ १८६ ॥

ततो यद्यदादिशति मे प्राणेश्वरस्तदेवाहमविचारितं करोमि । दूत्योक्तं । सत्यमेतत् । लावण्यवत्युवाच । ध्रुवं सत्यमेतत् । ततो दूतिकया गत्वा तत्सर्वं तुंगबलस्याग्रे निवेदितं । तच्छ्रुत्वा तुंगबलो ऽब्रवीत् । स्वामिनानीय समर्पयितव्येति कथमेतच्छक्यं । कुट्टन्याह । उपायः क्रियतां ।

तथा चोक्तं । उपायेन हि यच्छक्यं न तच्छक्यं पराक्रमैः ।
शृगालेन हतो हस्ती गच्छता पंकवर्त्मना ॥ १८७ ॥

राजपुत्रः पृच्छति । कथमेतत् । सा कथयति । अस्ति ब्रह्मारण्ये कर्पूरतिलको नाम हस्ती । तमवलोक्य सर्वे शृगालाश्चिंतयंति स्म । यद्ययं केनाप्युपायेन म्रियते तदास्माकमेतद्देहेन मासचतुष्टयस्य भोजनं भविष्यति । तत्रैकेन वृद्धशृगालेन प्रतिज्ञातं । मया बुद्धिप्रभावादस्य मरणं साधयितव्यं । अनंतरं स वंचकः कर्पूरतिलकसमीपं गत्वा साष्टांगपातं प्रणम्योवाच । देव दृष्टिप्रसादं कुरु । हस्ती ब्रूते । कस्त्वं कुतः समायातः । सो ऽवदत् । जंबुको ऽहं सर्वैर्वनवासिभिः पशुभिर्मिलित्वा भवत्सकाशं प्रस्थापितः । यद्विना राज्ञावस्थातुं न युक्तं तदत्राटवीराज्ये ऽभिषेक्तुं भवान् सर्वस्वामिगुणोपेतो निरूपितः ।

यतः । यः कुलाभिजनाचारैरतिशुद्धः प्रतापवान् ।
धार्मिको नीतिकुशलः स स्वामी युज्यते भुवि ॥ १८८ ॥

अपरं च पद्य। राजानं प्रथमं विंदेत्ततो भार्यां ततो धनं।

राजन्यसति लोकेऽस्मिन्कुतो भार्या कुतो धनं ॥ १८८ ॥

अन्यच्च। पर्जन्य इव भूतानामाधारः पृथिवीपतिः।

विकलेऽपि हि पर्जन्ये जीव्यते न तु भूपतौ ॥ १९० ॥

नियतविषयवर्ती प्रायशो दंडयोगात्

जगति परवशेऽस्मिन्दुर्लभः साधुवृत्तः।

कृशमपि विकलं वा व्याधितं वाधनं वा

पतिमपि कुलनारी दंडभीत्याभ्युपैति ॥ १९१ ॥

तद्यथा लग्नवेला न विचलति तथा कृत्वा सत्वरमागम्यतां देवेन। इत्युक्त्वोत्थाय चलितः। ततोऽसौ राज्यलोभाकृष्टः कर्पूरतिलकः शृगालवर्त्मना धावन्महापंके निमग्नः। ततस्तेन हस्तिनोक्तं। सखे शृगाल किमधुना विधेयं। पंके निपतितोऽहं। म्रिये। परावृत्य पश्य। शृगालेन विहस्योक्तं। देव मम पुच्छकावलंबनं कृत्वोत्तिष्ठ। यन्मद्विधस्य वचसि त्वया प्रत्ययः कृतस्तदनुभूयतामशरणं दुःखं।

तथा चोक्तं। यदा सत्संगरहितो भविष्यसि भविष्यसि।

तदासज्जनगोष्ठीषु पतिष्यसि पतिष्यसि ॥ १९२ ॥

ततो महापंके निमग्नो हस्ती शृगालैर्भक्षितः। अतोऽहं ब्रवीमि। उपायेन हि यच्छक्यमित्यादि। ततः सुहृदुपदेशेन तं चारुदत्तनामानं वणिक्पुत्रं स राजपुत्रः सेवकं चकार। ततोऽसौ तेन सर्वविश्वासकार्येषु नियोजितः। एकदा तेन राजपुत्रेण स्नातानुलिप्तेन कनकरत्नालंकारधारिणा प्रोक्तं। अद्यारभ्य मासमेकं गौरीव्रतं कर्तव्यं। तदत्र प्रतिरात्रमेकां कुलीनां युवतीमानीय समर्पय। सा मया यथोचितेन विधिना पूजयितव्या। ततः स चारुदत्तस्तथाविधां नवयुवतीमानीय समर्पयति। पश्चात्प्रच्छन्नः सन्किमयं करोतीति निरूपयति। स च तुंगबलस्तां युवतीमस्पृशन्नेव दूराद्वस्त्रालंकारगंधचंदनैः संपूज्य रक्षकं दत्त्वा प्रस्थापयति। अथ वणिक्पुत्रेण तदृष्टोपजातविश्वासेन लोभाकृष्टमनसा स्ववधूर्लावण्यवती समानीय समर्पिता। स च तुंगबलस्तां हृदयप्रियां लावण्यवतीं विज्ञाय ससंभ्रममुत्थाय निर्भरमालिंग्य निमीलिताक्षः पर्यंके तया सह विललास। तदालोक्य वणिक्पुत्रश्चित्रलिखित इवेतिकर्तव्यतामूढः परं विषादमुपगतः। अतोऽहं ब्रवीमि। स्वयं वीक्ष्येत्यादि। तथा त्वयापि भवितव्यमिति। तद्धितवचनमवधीर्य महता भयेन

विमुग्ध इव तं जलाशयमुत्सृज्य मंथरश्चलितः। तेऽपि हिरण्यकादयः स्नेहादनिष्टं शंकमाना मंथरमनुगच्छंति। ततः स्थले गच्छन्केनापि व्याधेन काननं पर्यटता मंथरः प्राप्तः। प्राप्य तं गृहीत्वोत्थाप्य धनुषि बद्ध्वा भ्रमन्क्लेशात्क्षुत्पिपासाकुलः स्वगृहाभिमुखं चलितः। अथ मृगवायसमूषिकाः परं विषादं गच्छंतस्तमनुजग्मुः। ततो हिरण्यको विलपति।

एकस्य दुःखस्य न यावदंतं गच्छाम्यहं पारमिवार्णवस्य।
तावद्द्वितीयं समुपस्थितं मे छिद्रेष्वनर्था बहुलीभवंति ॥ १०३ ॥
स्वाभाविकं तु यन्मित्रं भाग्येनैवाभिजायते।
तदकृत्रिमसौहार्दमापत्स्वपि न मुंचति ॥ १०४ ॥
न मातरि न दारेषु न सोदर्ये न चात्मजे।
विश्वासस्तादृशः पुंसां यादृङ्मित्रे स्वभावजे ॥ १०५ ॥

इति मुहुर्विचिंत्याहो दुर्दैवं।

यतः। स्वकर्मसंतानविचेष्टितानि कालांतरावर्तिशुभाशुभानि।
इहैव दृष्टानि मयैव तानि जन्मांतराणीव दशांतराणि ॥ १०६ ॥

अथवेत्थमेवैतत्। कायः संनिहितापायः संपदः पदमापदां।
समागमाः सापगमाः सर्वमुत्पादि भंगुरं ॥ १०७ ॥

पुनर्विमृश्याह। शोकारातिभयत्राणं प्रीतिविश्रंभभाजनं।
केन रत्नमिदं सृष्टं मित्रमित्यक्षरद्वयं ॥ १०८ ॥

किंच। मित्रं प्रीतिरसायनं नयनयोरानंदनं चेतसः
पात्रं यत्सुखदुःखयोः सह भवेन्मित्रेण तद्दुर्लभं।
ये चान्ये सुहृदः समृद्धिसमये द्रव्याभिलाषाकुलाः
ते सर्वत्र मिलंति तत्त्वनिकषग्रावा तु तेषां विपत् ॥ १०९ ॥

इति बहु विलप्य हिरण्यकश्चित्रांगलघुपतनकावाह। यावदयं व्याधो वनान्न निःसरति तावन्मंथरं मोचयितुं यत्नः क्रियतां। तावूचतुः। सत्वरं कार्यमुच्यतां। हिरण्यको ब्रूते। चित्रांगो जलसमीपं गत्वा मृतमिवात्मानं दर्शयतु काकश्च तस्योपरि स्थित्वा चंच्वा किमपि विलिखतु। नूनमनेन लुब्धकेन तत्र कच्छपं परित्यज्य मृगमांसार्थिना सत्वरं गंतव्यं। ततोऽहं मंथरस्य बंधनं छेत्स्यामि संनिहिते लुब्धके भवद्भ्यां पलायितव्यं। चित्रांगलघुपतनकाभ्यां शीघ्रं गत्वा तथानुष्ठिते सति स व्याधः श्रांतः पानीयं पीत्वा तरोरधस्तादुपविष्टस्तथाविधं मृगमपश्यत्। ततः कर्तरिकामादाय प्रहृष्टमना

मृगांतिकं चलितः। तदंतरे हिरण्यकेनागत्य मंथरस्य बंधनं छिन्नं। स कूर्मः सत्वरं जलाशयं प्रविवेश। स मृग आत्मानं तं व्याधं विलोक्योत्थाय पलायितः। प्रत्यावृत्य लुब्धको यावत्तत्तलमायाति तावत्कूर्ममपश्यन्नचिंतयत्। उचितमेवैतन्ममासमीक्ष्यकारिणः।

यतः। यो ध्रुवाणि परित्यज्य अध्रुवाणि निषेवते।
ध्रुवाणि तस्य नश्यंति अध्रुवं नष्टमेव हि ॥ २१० ॥

ततोऽसौ स्वकर्मवशान्निराशः कटकं प्रविष्टः। मंथरादयः सर्वे त्यक्तापदः स्वस्थानं गत्वा यथासुखमास्थिताः॥ अथ राजपुत्रैः सानंदमुक्तं। सर्वं श्रुतवंतः सुखिनो वयं। सिद्धं नः समीहितं। विष्णुशर्मोवाच। एतावता भवतामभिलषितं संपन्नं। अपरमपीदमस्तु।

मित्रं प्राप्नुत सज्जना जनपदैर्लक्ष्मीः समालंबतां
भूपालाः परिपालयंतु वसुधां शश्वत्स्वधर्मे स्थिताः।
आस्तां मानसतुष्टये सुकृतिनां नीतिर्नवोढेव वः
कल्याणं कुरुतां जनस्य भगवांश्चंद्रार्धचूडामणिः ॥ २११ ॥

॥ इति हितोपदेशे मित्रलाभो नाम प्रथमकथासंग्रहः समाप्तः ॥

www.ingramcontent.com/pod-product-compliance
Lightning Source LLC
Chambersburg PA
CBHW021549270326
41930CB00008B/1437
* 9 7 8 3 7 4 1 1 9 7 7 9 6 *